人民交通出版社"十二五"
高等职业教育物流管理专业规划教材

物流运输管理实务

WULIU YUNSHU GUANLI SHIWU

主　编　朱亚琪
副主编　李　蕾　王延荣
主　审　曾艳英

人民交通出版社
China Communications Press

内 容 提 要

本书是高职高专物流管理专业工学结合、课程改革规划教材。

本书内容考虑"十二五"就业岗位和目标岗位对学生的要求，重点定位在业务管理层面，强调物流运输作业过程中的优化管理（计划、组织、实施、监督）和技术能力。本书以运输业务流程为主线，围绕运输管理岗位职业能力，通过教、学、做三位一体的模式，理论与实践相结合，突出职业能力与职业素质的培养，体现"以服务为宗旨，以就业为导向，以能力为本位"的高技能人才培养目标。

全书共有5个单元，即物流运输管理基本知识、公路货物运输作业准备、公路普通货物运输组织、特种货物运输组织和运输业务管理。每单元设有引言、职业岗位职责、核心能力及教学目标、引导案例、正文（包括提示、知识链接、名词解释、想一想和案例）、单元小结、思考与练习（含部分答案）、案例分析和实训等。

本书可作为高职高专、成人高等教育的物流管理、交通运输管理及相关专业的教材，也可作为社会从业人员的业务参考书及培训教材。

图书在版编目（CIP）数据

物流运输管理实务 / 朱亚琪主编. —北京：人民交通出版社，2013.8
ISBN 978-7-114-10617-0

Ⅰ. ①物… Ⅱ. ①朱… Ⅲ. ①物流—货物运输—管理 Ⅳ. ①F252

中国版本图书馆 CIP 数据核字（2013）第 098623 号

书　　名：	物流运输管理实务
著　作　者：	朱亚琪
责任编辑：	吴燕伶
出版发行：	人民交通出版社
地　　址：	（100011）北京市朝阳区安定门外外馆斜街3号
网　　址：	http://www.ccpress.com.cn
销售电话：	（010）59757973
总　经　销：	人民交通出版社发行部
经　　销：	各地新华书店
印　　刷：	北京交通印务实业公司
开　　本：	787×1092　1/16
印　　张：	13
字　　数：	327千
版　　次：	2013年8月　第1版
印　　次：	2013年8月　第1次印刷
书　　号：	ISBN 978-7-114-10617-0
定　　价：	29.00元

（有印刷、装订质量问题的图书由本社负责调换）

编委会

主任委员：薛　威

委　　员：(以姓氏笔画为序)

　　　　　王晓阔　朱亚琪　刘艳良

　　　　　吴东泰　何　柳　陈志敏

　　　　　原　宇　徐　沁　高　培

　　　　　高慧云　蔡改成

序

随着经济的发展和信息技术的应用,企业生产、物资流通、商品交易、信息交换的理念、方式和方法正在发生深刻的变革,与之相适应的作为企业降低生产成本、提高核心竞争能力、增加经济效益"第三利润源泉"的物流业正在快速发展。物流业已经成为国民经济中一个非常重要的服务产业,它涉及领域广、吸纳就业人数多,对促进生产、拉动消费的作用越来越大。

目前,我国物流业增加值占服务业增加值的16.1%,物流业的从业人员约为2000万人,物流业增加值每增加1个百分点,可增加10万个工作岗位。由于物流业的发展程度反映了一个国家和地区经济的综合配套能力与社会化服务程度,国务院将物流业列为国家"十二五"重点发展的服务产业,国务院印发的《物流业调整和振兴规划》作为物流产业综合性的行动方案。

我国物流业由于起步较晚,在整体发展水平上和发达国家约差30年左右。与发达国家相比,美国物流成本占GDP的9%,而我国物流成本占GDP的18.1%,每降低1个百分点,将带来3000亿元的效益。造成物流成本过高的原因很多,但主要原因是整体管理水平低,要提高物流业整体管理水平,则需要一支数量庞大的高素质、高技能的物流从业人员队伍。根据美国新奥尔良大学进行的全美物流业管理者受教育程度的调查显示,大约92%的被调查者具有学士学位,41%的被调查者具有硕士学位。从我国物流企业目前状况看,我们的差距是比较大的,中小型物流企业的中高层管理人员达到专科学历的不足60%,基于这样的人才需求背景,社会对物流人才的需求越来越迫切。

物流管理专业是成长速度较快的专业,开设物流管理专业的高职院校众多,约在800所左右,其增长速度与物流企业同步,教材建设明显落后于产业和专业发展,因此,教材建设也是影响物流业成熟程度的重要因素之一。

按照教育部提出的"由国家示范高职建设院校牵头组建开发团队,吸引行业企业参与,整合社会资源,在集成全国相关专业优质课程建设成果的基础上,采用整体顶层设计、先进技术支撑、开放式管理、网络运行的方法进行建设"建设方针,人民交通出版社组织了天津交通职业技术学院、青海交通职业技术学院、北京信息职业技术学院、湖北城市建设职业技术学院、辽宁商贸职业学院等国家级示范校和骨干校,以及天运通物流有限责任公司、福建盛丰物流有限公司、天保冈谷国际物流有限公司等10余家企业组成了教材建设团,开发了本套教材。

阅读这套教材，我认为主要特点有以下四点：

第一，先进性。教材依据现代物流领域的新知识、新技术、新方法，将物流领域的最新成果，融入到教材之中；教材编写中注重学生优化能力的培养，注重培养学生成本意识，使教材具有很强的前瞻性和适用性。

第二，职业性。教材建设团队的老师们都是双师型教师，他们有丰富的教学经验和实践经验，在编写过程中他们走访了大量的物流企业，收集了企业的真实案例和素材，掌握了第一手资料，并将职业岗位标准或职业资格考核内容体现在教材的编写中，满足理实一体课程的使用；编写教材团队的成员还有企业的老总、能工巧匠，也有行业协会的专家，他们把经验和体会分享给学习者。

第三，开放性。教材建设者们注重资源的开发与共享，他们深刻地认识到，教材建设成果不仅仅是教材的推广，也包括教育思想与理念的推广以及教学资源的共享，他们制作了大量教学资源如电子课件、图片库、习题课、职业教学活动设计、视频库以及实训等资源，能够满足学生自主学习的需求。

第四，关联性。教材充分考虑到中高职衔接的课程内容，以及中职、高职、本科的人才培养规格，定位准确。

我们期待这套教材的出版，希望它能够推进职业教育课程改革，能够更好地服务于学生和老师，为我国职业教育的发展做出新的贡献。

天津交通职业技术学院

薛威

前　言

运输是物流过程的主要功能要素之一，是物流过程各项业务的中心活动和核心环节。无论是企业的输入物流或输出物流，还是流通领域的销售物流，都必须依靠运输来实现商品的空间转移。可以说，没有运输，就没有物流。

本教材是根据货物运输企业各个业务岗位对技术能力的要求，参考物流师国家标准，与企业合作，建立基于岗位工作过程的能力需求的课程学习体系而开发的。学习者可根据自身职业技能需求来确定学习内容，在课程学习前必须先行学习《物流管理概论》、《货物学》、《物流市场营销》和《物流设备与设施》等课程。

通过本课程的学习，学习者能掌握货物运输管理的相关知识和基本技能，具备实际货物运输管理的操作能力、组织货物运输生产经营业务的能力以及利用现代科学方法进行货物运输系统管理的能力，打好从事物流企业运输管理和营运工作的基础，从而胜任现代物流企业运输调度与管理等相关岗位。

本教材由青海交通职业技术学院朱亚琪担任主编，青海交通职业技术学院李蕾、王延荣担任副主编。各单元的编写人员是：青海交通职业技术学院朱亚琪、李蕾、曲燕（单元1）；青海交通职业技术学院王延荣（单元2）；青海交通职业技术学院李蕾（单元3）；青海交通职业技术学院朱亚琪、马玉杰，新疆交通职业技术学院张敏（单元4）；青海交通职业技术学院朱亚琪、应玉萍，新疆交通职业技术学院张敏（单元5）。本教材由广东交通职业技术学院曾艳英教授主审，由朱亚琪负责全书的整体策划、结构和内容设计以及统稿。

本教材在编写过程中得到青海交通职业技术学院领导和人民交通出版社的大力支持，在此深表感谢。

本教材的编写是一项探索性工作，不足之处在所难免，欢迎各使用单位及个人对教材提出宝贵意见和建议（可发至邮箱 zhuyaqiqinghai@163.com），以便教材修订时补充更正。

编　者
2013.3

目 录

单元1 物流运输管理基础知识 ... 1
  1.1 物流运输的基本含义 ... 3
  1.2 物流运输作用与特点 ... 5
  1.3 运输方式选择 ... 6
  思考与练习 ... 14
  案例分析 ... 16
  实训 ... 17

单元2 公路货物运输作业准备 ... 19
  2.1 受理业务 ... 20
  2.2 公路运输合同的订立 ... 32
  思考与练习 ... 45
  案例分析 ... 46
  实训 ... 47

单元3 公路普通货物运输组织 ... 48
  3.1 公路整车货物运输组织 ... 50
  3.2 公路零担货物运输组织 ... 61
  思考与练习 ... 80
  案例分析 ... 82
  实训 ... 84

单元4 特种货物运输组织 ... 86
  4.1 危险货物运输组织 ... 87
  4.2 超限货物运输组织 ... 99
  4.3 鲜活易腐、冷藏货物运输组织 ... 101
  思考与练习 ... 107
  案例分析4-1 ... 108
  案例分析4-2 ... 108
  案例分析4-3 ... 111
  实训 ... 113

单元5 运输业务管理 ... 115
  5.1 运输成本控制 ... 116
  5.2 运输合理化 ... 118
  5.3 货物运输组织绩效评价 ... 125

思考与练习 …………………………………………………………………… 135
　　案例分析 ……………………………………………………………………… 136
　　实训 …………………………………………………………………………… 138
附录一　公路普通货物运价分等表 ……………………………………………… 139
附录二　全国主要城市间公路里程表 …………………………………………… 142
附录三　危险货物品名表 ………………………………………………………… 144
附录四　包装储运图示标志 ……………………………………………………… 179
附录五　运输包装收发货标志 …………………………………………………… 184
附录六　危险货物包装标志 ……………………………………………………… 188
参考文献 …………………………………………………………………………… 196

单元1　物流运输管理基础知识

引言

物流由众多环节构成,如运输、仓储、装卸搬运和包装等。其中运输是物流活动的主要组成部分,是物流的核心环节,不论是企业的输入物流或输出物流,还是流通领域的销售物流,都必须依靠运输来实现商品的空间转移。可以这样说,没有运输,就没有物流。鉴于运输在物流系统中地位的重要性,要很好地完成运输管理工作,就必须了解物流运输业务运作环节。

现代物流运输业务运作综合流程如图1-1所示。

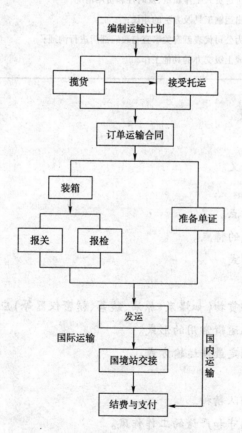

图1-1　现代物流运输业务运作综合流程图

运输管理是现代物流管理的重要环节,是对运输的货物所进行的管理,是运输企业为了充分利用自己所具有的运输资源及提供高效的运输服务所进行的计划、组织、控制和协调的过程。同时,围绕着运输实体活动,清晰准确的报表、单据、账目和会计部门核算的准确信息也随之传递。因此,运输是物流、信息流、单证流的合一。

职业岗位职责

物流工作在社会中相当普遍,物流岗位集中分布于专业物流公司和非专业物流公司的内设物流部门。不同公司物流部的岗位设置不同。表1-1是某企业物流部运输主管的岗位职责。

物流部运输主管岗位职责　　　　　　表1-1

工作岗位	岗位职责
运输主管	(1)组织、指导有关订单货物送达活动; (2)评价及选择最佳送货路线及方式; (3)检查货物丢失及损坏情况,并进行问题处理; (4)评价送货人工作质量、及时性和费用情况; (5)提出运输工具及方法的建议; (6)作为公司代表就有关事宜与政府部门进行沟通; (7)完成上级交办的其他工作

核心能力及教学目标

● 知识目标
①掌握物流运输的含义。
②掌握物流运输作用。
③掌握物流运输的特点。
④熟悉五种运输方式的特点。
⑤掌握物流运输的形式。

● 能力目标
①能够准确判断一些货物(如煤炭、原油、蔬菜、精密仪器等)应该采用的运输方式。
②能够准确判断物流运输常用的形式。
③应用成本比较法确定最佳运输方式。

● 素质目标
①培养相互协作的团队精神。
②具有良好的职业操守和严谨的工作作风。

1.1 物流运输的基本含义

引导案例

我国地大物博,各地的气候差异很明显。在新疆已然大雪纷飞的时候,而海南仍然是烈日高照(图1-2)。不同的气候条件可以种植不同的农作物,但我们却可以在海口的超市里买到新疆的库尔勒香梨,也可以在乌鲁木齐的水果市场上看到海南的菠萝、椰子和香蕉。是什么使这些易腐的水果能顺利及时地到达消费者手中呢?

图1-2 海南蔬菜生产基地

1.1.1 物流运输的含义

物流是指物品从供应地向接收地的实体流动过程,根据实际需要,将运输、储存、装卸、搬运、包装、流通加工、配送、信息处理等基本功能实施有机结合。

运输是指用设备和工具,将物品从一地点向另一地点运送的物流活动,包括集货、分配、搬运、中转、装入、卸下、分散等一系列操作。

运输是在不同的地域范围间,以改变"物"的空间位置为目的的活动,是对"物"的空间转移。它是物流的主要功能之一,是物流各项活动中的核心业务。

【提示】如无特殊说明,本书所讲的运输都是指物流活动中的运输,不包括旅客运输。

1.1.2 物流与运输的关系

物流与交通运输之间存在着密切的联系,物流的全过程始终伴随着生产的全过程,而整个物流过程的实现,则始终离不开交通运输系统。运输的合理化更是降低物流成本的重要途径。物流与运输的关系主要体现在三个方面。

(1)运输是构成物流的关键

在现代物流诞生之前,甚至就在今天,仍有不少人将运输等同于物流,殊不知物流中很大一部分责任虽由运输担任,但两者功能上存在不同,两者的区别见表1-2。

物流与运输的功能区别　　　　　　　　　　表1-2

类别	物流	运输
功能	不仅改变物的时间状态,也改变物的空间状态	承担了改变物的空间状态的责任,再配以储存、装卸搬运、包装、流通加工、信息处理和配送等活动,就能圆满完成物流的任务

（2）运输影响着物流系统中的众多因素

运输方式的选择决定着装运货物的包装要求。使用不同类型的运输工具决定其配套使用的装卸搬运设备以及接收和发运站台的设计。运输状况直接影响企业库存储备量,发达的运输系统能够比较适量、快速和可靠地补充库存,以降低必要的储备水平。

（3）运输费用在物流费用中占有很大的比重

运输费用是最大的物流成本之一。表1-3为2001年美国、加拿大公司物流成本的构成情况,由表可知,运输成本超过了总物流成本的1/3。组织合理运输,以最小的费用、较快的时间,及时、准确、安全地将货物从产地运到销地,是降低物流费用和提高经济效益的重要途径之一。

2001年美国、加拿大公司物流成本构成情况（单位:%）　　　　表1-3

成本内容	美国公司	加拿大公司
客房服务/订单清关	8	8
仓储	25	25
运输	37	36
管理	9	8
库存搬运	21	23
合计	100	100

1.1.3　运输与物流其他各环节的关系

运输与物流其他各环节的关系见表1-4。

运输与物流其他各环节的关系　　　　　　　　表1-4

运输	包装	装卸	储存	配送
在企业的物流活动中,将货物大批量、长距离地从生产工厂直接送达客户或配送中心	货物包装的材料、规格、方法等都不同程度地影响着运输。作为包装的外廓尺寸应该充分与运输车辆的内廓尺寸相吻合,这对于提高货物的装载率十分重要,将给物流水平的提高带来巨大影响	运输活动必然伴随装卸活动。一般来说,运输发生一次,往往伴有两次装卸活动,即运输前、后的装卸作业。货物在运输前的装车、装船等活动是完成运输的先决条件	货物的储存量虽直接决定于需要量(即使用量),但货物的运输也会对储存带来重大影响。当仓库中储存一定数量的货物而消费领域又对其急需时,运输就成了关键	货物从配送中心就近发送到地区内各客户手中称为配送

1.2 物流运输作用与特点

引导案例

运输业是一个特殊的生产行业,它通过一定时间内商品的空间位移,来实现商品的价值和使用价值。应该说在位移这一特征上,运输与物流没有什么本质的差别,只不过现代物流意义上的位移,其范围更为广泛。因此,交通运输的五大运输方式——公路运输、铁路运输、水路运输、航空运输和管道运输,无疑将成为现代物流系统中最重要的运行方式。

从20世纪80年代中期开始,国际运输业开始进入综合物流时代。以海运业为例,船舶运输公司已不仅仅局限于经营传统的海上运输业务,而且还渗透到了陆上运输、港口装卸、存储、代理、装卸箱等不同运输方式和运输环节中,为客户提供附加价值更高的综合物流服务。世界上出现了一股"船舶运输公司登陆"的趋势,即船舶运输公司在物流所经过的各个环节设立物流中心。物流已成为国际运输业发展的必然趋势,被称为继集装箱运输之后运输领域的又一次革命。因此,加强现代物流理论与实践研究,对我国交通运输业调整经营战略、适用市场需求具有十分重要的意义。

◀1.2.1 运输在物流中的作用

将原材料从产地送入生产企业材料库或者将产品从仓库转移到消费者手中,都离不开运输,它在物流系统中有重要的作用。

(1) 运输是社会物质生产的必要条件之一

①生产过程中,运输是生产的直接组成部分。没有运输,生产内部的各环节就无法连接,生产过程则不能最终完成。

②在社会上,运输是生产过程的继续,这一活动连接生产与再生产、生产与消费,连接国民经济各部门、各企业,连接着城乡,连接着不同国家和地区。

(2) 运输可以创造"场所效用"

场所效用指改变场所来发挥最大的使用价值,最大限度地提高投入与产出比。利用运输可以把物品运送到空间效应最高的地区,从而可得到最大的利益。

知识链接1-1

时间效用:"物"从供给者到需求者之间存在时间差,由于改变时间差而创造的价值。

空间效用:"物"从供给者到需求者之间存在空间差,由于改变"物"存在的位置而创造的价值。

形质效用:在物流过程中,通过流通加工等形式,将供应者手中所具有的形状性质的物品改造成具有需求者所需要的形状性质的物品,从而提高物品的附加值。

(3) 运输是"第三利润源"的主要源泉

一般来说,综合计算社会物流费用,运输费用在其中占据最高的比例,接近50%。由于运输承担大跨度空间转移的任务,运输总里程和运输总量巨大,通过合理选择运输方式及线路优化可以提高运输效率,降低运输费用,因此运输是企业实现"第三利润源"的重要手段。

 名词解释

"第三利润源"说:人类历史上,三个利润源着重开发生产力的三个不同要素。第一利润源挖掘对象是生产力中的劳动对象;第二个利润源挖掘对象是生产力中的劳动者;第三个利润源主要挖掘对象则是生产力中劳动工具的潜力,同时注重劳动对象与劳动者的潜力,因而更具全面性。经济界的一般理解,是从物流可以创造微观经济效益来看待"第三利润源"的。

◀ 1.2.2　物流运输的特点

(1) 运输生产的服务性

运输的活动与工业产品和农业产品相比较,运输生产本身不具有实体性,运输是要实现货物的空间转移,而并未生产有形的产品。可见,运输活动是一种劳动服务。所以,从事物流运输,必须树立服务意识。

(2) 运输对自然条件的依赖性

运输与工农业生产等其他物质生产部门相比,很难摆脱对自然条件的依赖。在五种基本的运输方式中,大部分的运输都是露天进行的,尤其是水路运输和航空运输,由于受航线等条件的限制,其运输效率很大程度上都取决于自然条件的好坏。

(3) 运输生产过程具有流动性

与工农业生产具有位置相对固定性不同,运输生产是流动的,分散的,从而导致运输生产管理和控制更为复杂,难度更大。

1.3　运输方式选择

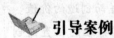 **引导案例**

分析下列几种货物的运输,选择最合适的运输方式。

① 两箱急救药品,从北京运到兰州。

② 1t 活鱼,从密云水库运往北京城。

③50 t 钢材,从太原运到石家庄。

④1 万 t 海盐,从天津运到上海。

⑤10 万 kg 大米,从九江运到上海。

1.3.1 物流运输的基本方式

按照使用运输工具的不同,物流运输可分为公路运输、铁路运输、水路运输、航空运输和管道运输五种基本运输方式。各种运输方式优缺点见表1-5。

各种运输方式优缺点对照表 　　　表1-5

运输方式	优　　点	缺　　点
铁路运输	当代最重要的运输方式之一。运量大、速度快、运费较低、受自然因素影响小、连续性好	修筑铁路造价高、消耗金属材料多、占地面积广、短途运输成本高
公路运输	发展最快、应用最广、地位日趋重要的运输方式。机动灵活、周转速度快、装卸方便、对各种自然条件适应性强	运量小、耗能多、成本高、运费较贵
水路运输	历史最悠久的运输方式。运量大、投资少、成本低	速度慢、灵活性和连续性差、受航道水文状况和气象等自然条件影响大
航空运输	速度快、运输效率高,是最快捷的现代化运输方式	运量小、能耗大、运费高、设备投资大、技术要求严格
管道运输	运具与线路合二为一的新型运输方式。用管道运输货物(主要是原油和成品油、天然气、煤浆以及其他矿浆),气体不挥发、液体不外流、损耗小、连续性强、平稳安全、管理方便,可昼夜不停地运输,运量很大	需要铺设专门管道,设备投资大、灵活性差

想一想

(1)浙江杭州某丝绸厂向法国里昂市出口一批丝绸衣物。

讨论:用哪些运输方式可以将货物运送到目的地?

(2)山西的煤炭是我国的重要能源物资,而北京、广东、浙江等地是煤炭的消耗地。

讨论:向北京、广东、浙江等地运输煤炭应该采用哪些运输方式?

(3)克拉玛依位于准噶尔盆地的西北缘,是中华人民共和国成立后开发的第一个大油田(图1-3),被誉为准噶尔盆地的明珠。它是一个常被风沙包裹的经济结构单一的工业化城市,周边自然条件恶劣。

讨论:原油运输的方式是什么?

图1-3　油田基地

1.3.2 运输方式选择的意义

(1)运输方式的选择是物流系统决策中的一个重要环节,是物流合理化的重要内容。
(2)运输方式选择合理、恰当,将会促进各种运输方式协调发展。
(3)运输方式选择合理、恰当,将会实现最佳的经济效益和社会效益。
(4)运输方式选择也是运输规划和政府筹划时考虑的重要因素之一。

1.3.3 选择运输方式的步骤

1)第一步 运输方式选择——定性分析法
(1)明确各种运输方式的技术经济特点(表1-6)

各种运输方式的技术经济特征 表1-6

运输方式	技术经济特点	运输对象
铁路	运输容量大、成本低廉、占用土地多、连续性强、可靠性好	大宗货物、大件杂货等的中长途运输
公路	机动灵活、适应性强、短途运输速度快、能源消耗大、成本高、空气和噪声污染严重	短途、零担运输、门到门运输
水路	运输能力大、成本低廉、速度慢、连续性差、能源消耗及土地占用都较少	中长途大宗货物运输、海运和国际货运
航空	速度快、成本高、空气和噪声污染严重	中长途及贵重货物运输、保鲜货物运输
管道	运输能力大、占用土地少、成本低廉、连续运输	长期稳定的流体、气体及浆化固体物运输

各运输方式示意图如图1-4～图1-8所示。

图1-4 铁路运输

图1-5 公路运输

图1-6 水路运输

图1-7 管道运输

图1-8 航空运输

(2)选择运输方式

选择合适的运输方式应综合考虑运输条件和物料特性等因素,影响运输方式选择的因素见表1-7。

影响运输方式选择的因素　　　　　　表1-7

影响因素	释　义	描　述
货物的特性	货物价值、形状、单件的质量、容积、危险性、变质性等都是影响运输方式选择的重要因素	大批量的货物,价格低廉或容积形状庞大的货物适宜选择水路运输或铁路运输;鲜活商品,电子产品,宝石以及季节性商品等适宜选择航空运输;中短距离的运输适宜公路运输;石油、天然气、碎煤浆等适宜选择管道运输
运输速度	运输速度的快慢决定了货物运送时间的长短。必须调查各种运输工具所需要的运输时间,根据运输时间来选择运输工具	运输时间的快慢顺序依次为航空运输、铁路运输、公路运输、水路运输
运输成本	运输成本因货物的种类、质量、容积、运距和运转的工具的不同而不同	在考虑运输成本时,必须注意运输费用与其他物流子系统之间存在着互为利弊的关系,不能仅仅考虑运输费用来决定运输方式,而要由全部成本来决定
运输距离	在运输过程中,运输时间、运输货损、运费、车辆或船舶周转等运输的若干技术经济指标,都与运距有一定比例关系,运距长短是选择运输方式时考虑的一个最基本因素	一般情况下,300km以内,用公路运输;300~500km内,用铁路运输;500km以上,用船舶运输;在没有水路的情况下,用铁路运输比较经济
运输批量	运输如生产一样,在设计运作安排时必须考虑规模经济,即大批量运输成本低	一般来说,15~20t以下的货物用公路运输;15~20t以上的货物用铁路运输;万吨级原材料之类的货物,如有水路条件的,应选择水路运输
运输的安全性	运输的安全性包括所运输货物的安全和运输人员的安全,以及公共安全。对运输人员和公共安全的考虑也会影响到货物的安全措施,进而影响到运输方式的选择	一般来说,航空运输最安全,水路运输和铁路运输次之,公路运输安全性较差
其他影响因素	除上述因素外运输的可得性、运输的可靠性,还有经济环境或社会环境变化也影响托运人对运输方式的选择	

【案例1-1】

2011年12月6日在西宁市货运北站青海星旺物流公司召开的"展望2011物流"座谈会上，与会代表中有部分客户需要办理托运，按托运的货物种类、数量、流向及相关要求整理成表格，见表1-8。

客户托运货物简明记录表　　　　　　　　　　　　　　　　　　　　　表1-8

序号	托运人	货物及数量	起点—终点	要求
1	包头市东升食品有限责任公司	白糖1000t	南宁—呼和浩特	最经济的办法、尽快送达
2	龙吉商贸公司	汽车零配件30箱（25kg/箱）	德令哈—大柴旦	最经济的办法
3	南国书市	图书45件（20kg/件）	德令哈—大柴旦	最经济的办法
4	南宁市大世界生物工程公司	变性淀粉5t	南宁—广州	最经济的办法、尽快送达
5	合浦大地盐业公司	海盐6000t	北海—上海	最经济的办法
6	武汉市迪瑞粮油贸易有限公司	大米100t	武汉—上海	最经济的办法
7	新疆华龙医院	急救药品两箱	北京—乌鲁木齐	最紧急、第一时间送达

根据上述资料，假如你是青海物流公司的总经理，应如何选择适宜的货物运输方式。

【解题思路】

我们可以对除了管道运输外的四种基本运输方式（水运分海运和河运）的运量大小、速度快慢和运费高低等作排序比较，如表1-9所示。

基本运输方式相关特性的比较　　　　　　　　　　　　　　　　　　　表1-9

比较项目	排列顺序
按灵活性	由大到小为：公路—航空—铁路—河运—海运
按运量	由大到小为：海运—铁路—河运—公路—航空
按运距	由远到近为：海运—航空—铁路—河运—公路
按运费价格	由大到小为：航空—公路—铁路—河运—海运
按速度	由快到慢为：航空—铁路—公路—海运—河运
按安全性	由大到小为：航空—铁路—河运—海运—公路
按连续性	由好到差为：铁路—公路—航空—海运—河运
按稳定性	由大到小为：铁路—公路—航空—海运—河运

至此，可以对表1-8中的七票货物托运作出选择，如表1-10所示。

货物运输方式的选择 表 1-10

序号	起点—终点	货物及数量	运输方式的选择	运输方式选择的理由
(1)	南宁—呼和浩特	白糖 1000t	铁路整车运输	(1)南宁—呼和浩特的铁路里程为3234km,公路里程3019km,属于长途运输; (2)白糖1000t,为小宗批量货物; (3)从运距和批量看,选择铁路和水路均可,但客户希望尽快送达,时间不适于水路,而且呼和浩特水运条件缺乏
(2)	德令哈—大柴旦	汽车零配件30箱(25kg/箱)	公路零担运输	(1)德令哈—大柴旦190多千米,属于中短途运输; (2)汽车零配件30箱750kg,图书45件900kg,两托运人的物品均不足3t,为公路零担货物; (3)用汽车装卸环节少,机动灵活,容易实现"门到门"
(3)	德令哈—大柴旦	图书 45 件(20kg/件)	公路零担运输	
(4)	南宁—广州	变性淀粉 5t	公路整车运输	(1)南宁—广州的铁路里程为1334km,公路里程729km; (2)变性淀粉5t,为公路整车货物,不足一火车皮,为铁路零担货物; (3)从目前情况来看,公路整车运达速度快于铁路零担运输
(5)	北海—上海	海盐 6000t	沿海运输	(1)南宁—上海铁路里程为2075km,公路里程2195km;北海港—上海吴淞港1235海里,都是长途运输; (2)海盐6000t,货物价值低,不选择航空; (3)海运价格最低,时间无特殊要求,所以选择水运(沿海运输)
(6)	武汉—上海	大米 100t	内河运输	(1)武昌—上海铁路里程1230km,武汉—上海公路里程919km,水运里程是1100~1200km; (2)货物数量100t,为批量货物。路程和货物批量不适宜选择公路运输; (3)大米为一般货物,承受运输价格不强,不选航空运输; (4)铁路和水路,相比,水路价格更低,为最佳选择
(7)	北京—乌鲁木齐	急救药品两箱	航空运输	(1)北京—乌鲁木齐铁路里程3768km,公路里程3820km,路程遥远,铁路和公路不能实现快速交货; (2)货物不多,仅两箱,但为急救药品; (3)乌鲁木齐没有海运线路和港口,排除水运; (4)航空运输速度快,可满足快速时间要求

2) 第二步 运输方式选择——成本分析法

在运用成本分析法选择运输方式时,要全面分析该运输方式中的"效益背反"定律,综合衡量运输中的各项成本做出正确的决策。

 名词解释

"效益背反"定律,又称"背反"现象,通常人们对物流数量,希望最大;对物流时间,希望最短;对服务质量,希望最好;对物流成本,希望最低。显然,要满足上述所有要求是很难办到的。例如,在储存子系统中,从在保证供应、方便生产的角度,人们会提出储存物资的大数量、多品种的需求;而从在加速资金周转、减少资金占用的角度,人们则提出减少库存的要求。又如,在运输中,选择最快的运输方式为航空运输,但运输成本高,时间效用虽好,但经济效益不一定最佳;而选择水路运输,则与航空运输相反。

【案例1-2】

某公司要将其生产的汽车配件从配件库 A 处运往距离客户较近的销售地仓库 B 处,年运量 D 为700000件,每件产品的价格 C 为30元,每年的存货成本 I 为产品价格的30%。公司希望选择使总成本最小的运输方式。据估计,运输时间每减少一天,平均库存水平可以减少1%。各种运输服务的有关参数见表1-11。讨论:公司应选择哪种运输方式?

各种运输服务的基本参数　　　　　　　　　表1-11

运输服务方式	运输费率 R(元/件)	门到门运输时间 T(天)	每个储存点存货量 Q(件)
铁路运输	0.10	21	100000
驼背运输	0.15	14	50000×0.93
公路运输	0.20	5	50000×0.84
航空运输	1.40	2	25000×0.80

解:以年总成本最低为原则来选择合适的运输方案

$$总成本 = 运输费用 + 库存成本$$

式中:运输费用 = 运输量×费率;

库存成本 = 在途运输库存成本 + 工厂存货成本 + 仓库存货成本。

$$在途运输库存成本 = ICDT/365$$

式中:I——每年存货成本;

C——每件产品的价格;

D——年运量;

T——运输时间。

$$工厂存货成本 = ICQ/2$$

式中：I——每年存货成本；

　　　C——每件产品的价格；

　　　Q——每个储存点存货量。

$$仓库存货成本 = I(C+R)/2$$

式中：I——每年存货成本；

　　　C——每件产品的价格；

　　　R——运输费率。

各运输方案运输成本见表1-12和表1-13。

各运输方案运输成本计算表（单位：元）　　　　　　　　　　　　　表1-12

成本类型	计算方法	运输方案	
		铁 路	驼 背
运输	RD	0.10×700000=70000	0.15×700000=105000
在途存货	$ICPT/365$	0.30×30×700000×21/365=362466	0.30×30×700000×14/365=241644
工厂存货	$ICQ/2$	0.30×30×100000/2=450000	0.30×30×50000×0.93/2=209250
仓库存货	$I(C+R)/2$	0.30×30.1×100000/2=451500	0.30×30.15×50000×0.93/2=210296
总成本		1333966	766790

各运输方案运输成本计算表（单位：元）　　　　　　　　　　　　　表1-13

成本类型	计算方法	运输方案	
		公 路	航 空
运输	RD	0.20×700000=140000	1.40×700000=980000
在途存货	$ICDT/365$	0.30×30×700000×5/365=86301	0.30×30×700000×2/365=34521
工厂存货	$ICQ/2$	0.30×30×50000×0.84/2=189000	0.30×30×25000×0.80/2=90000
仓库存货	$I(C+R)/2$	0.30×30.2×50000×0.84/2=190260	0.30×31.4×25000×0.80/2=94200
总成本		605561	1198721

通过以上计算可以看出，在四种运输服务方案中，公路运输的总成本最低，其次为驼背运输，铁路运输反而最高。

单元小结

本单元主要介绍了物流运输的概念、物流与运输的关系及运输与其他物流各环节的关系。通过学习，掌握运输在物流中的作用及物流运输的特点，通过了解物流运输的基本方式，掌握如何对运输方式进行合理选择与使用。

本单元内容结构如图1-9所示。

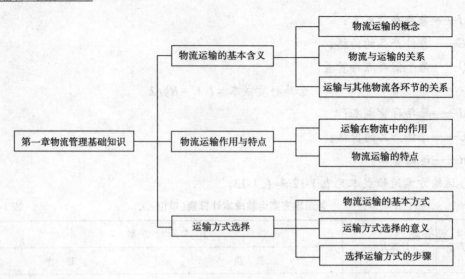

图1-9 单元1内容结构

 思考与练习

(1) 单选题

①下面的运输方式中,(   )的连续性最强。

A. 铁路　　　　B. 公路　　　　C. 航空　　　　D. 管道

②下面的运输方式中,(   )的可靠性最强。

A. 铁路　　　　B. 公路　　　　C. 航空　　　　D. 水运

③下面的运输方式中,(   )的可靠性最强。

A. 铁路　　　　B. 公路　　　　C. 航空　　　　D. 水运

④下面的运输方式中,适合于大批量、长距离、较低运费、低风险货运的是(   )。

A. 铁路　　　　B. 公路　　　　C. 航空　　　　D. 水运

⑤在短距离的运输中,(   )具有灵活、快捷、方便的绝对优势。

A. 公路运输　　　B. 水路运输　　　C. 铁路运输　　　D. 航空运输

(2) 多选题

①运输方式的选择由(   )决定。

A. 发货地和到货地间的路径　　　　B. 货物特性

C. 运输速度　　　　　　　　　　　D. 运输企业的能力

②各种运输方式的技术经济特征主要包括(   )。

A. 运输速度

B. 运输工具的容量

C. 线路的运输能力、运输成本、经济里程、环境保护

D. 运输企业效益

③在运输方式选择上,对于承运人来说主要考虑的因素是( )。

A. 运输的安全性和准确性　　　　　B. 较长的转运时间

C. 运输成本的低廉性　　　　　　　D. 较低的运输速度

④原材料等大批量的货物,价格低廉或容积形状庞大的货物运输适合于( )方式。

A. 公路运输　　　　　　　　　　　B. 水路运输

C. 铁路运输　　　　　　　　　　　D. 航空运输

(3) 名词解释

①物流

②运输

(4) 简答题

①物流与运输的关系是什么?

②运输在物流中有哪些作用?

③物流运输的特点有哪些?

④物流运输的基本方式有哪些?

⑤选择运输方式的意义何在?

⑥选择不同的运输方式,应根据哪些因素决定?

(5) 分析题

①分析下列几种货物的运输,选择最合适的方式。

A. 两箱急救药品,从北京运到兰州

B. 1t 活鱼从密云水库运往北京城

C. 50t 钢材从太原运到石家庄

D. 1万t海盐从天津运到上海

E. 10万kg大米从九江运到上海

②读图1-10,回答问题。

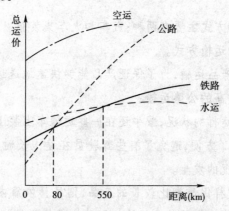

图1-10　欧洲货物四种运输方式运费与运距相关曲线示意图

A. 运距 <80km 时,最廉价的运输方式是( )。

B. 80km < 运距 <550km 时,最廉价的运输方式是( )。

C. 运距 >550km 时,最廉价的运输方式是( )。

D. 最昂贵的运输方式是( ),它适合运送的货物特点是( )。

【思考与练习部分答案】

(1)单选题

①D ②A ③D ④A ⑤A

(2)多选题

①ABC ②ABCD ③ABC ④BC

(5)分析题

①A.航空 B.公路 C.铁路 D.海运 E.河运

②A.公路 B.铁路 C.水运 D.空运;轻型、贵重、急需

案例分析

蒙牛物流管理:打造快速物流系统

物流运输是品牌企业重大挑战之一。目前,蒙牛的"触角"已经伸向全国各个角落,甚至出口东南亚。为了能在最短的时间内、有效的存储条件下,以最低的成本将牛奶送到商超的货架上,蒙牛采取了以下措施。

1. 缩短运输半径

对于酸奶此类低温产品,由于保质日期较短,蒙牛要保证在 2~3 天内送到销售终端。为了保证产品及时送达,蒙牛尽量缩短运输半径。当蒙牛的产品线扩张到酸奶后,蒙牛的生产布局也逐渐向黄河沿线以及长江沿线伸展,使牛奶产地尽量接近市场,以保证低温产品快速送达卖场、超市。

2. 合理选择运输方式

目前,蒙牛产品的运输方式主要有两种:汽车和火车集装箱。蒙牛在保证产品质量的原则下,尽量选择费用较低的运输方式。

对于路途较远的低温产品运输,为了保证产品能够快速地送达消费者手中,保证产品的质量,蒙牛往往采用成本较高的公路运输。

为了更好地了解汽车运行的状况,蒙牛还在一些运输车上装上了 GPS 系统,给物流以及相关人员(包括客户)带来了方便,避免了有些驾驶员在途中长时间停车而使货物未及时送达或者产品途中变质等情况的发生。

而像利乐包、利乐砖这样保质期比较长的产品,则尽量依靠内蒙古的工厂供应,因为这里有最好的奶源。产品远离市场的长途运输问题就依靠铁路集装箱来解决。与公路运输相比,这样更能节省费用。

在铁路集装箱运输方面,蒙牛与中铁集装箱运输公司开创了牛奶集装箱"五定"班列这一铁路运输的新模式。"五定"即"定点、定线、定时间、定价格、定编组","五定"班列定时、定点,一站直达,有效地保证了牛奶运输的及时、准确和安全。

2003年7月20日,首列由呼和浩特至广州的牛奶集装箱"五定"班列开出,将来自于内蒙古的优质牛奶运送到了祖国大江南北,打通了蒙牛的运输"瓶颈"。目前,蒙牛销往华东、华南牛奶的80%依靠铁路运到上海、广州,然后再向其他周边城市分拨。现在,通过"五定"列车,上海消费者在70h内就能喝上草原鲜奶。

3. 全程冷链保障

低温奶产品必须全过程都保持2～6℃,才能保证产品的质量。蒙牛牛奶在"奶牛—奶站—奶罐车—工厂"这一运行序列中,采用低温、封闭式的运输。蒙牛的冷藏运输系统都能保证将刚挤下来的原奶在6h内送到生产车间,确保牛奶新鲜的口味和丰富的营养。出厂后,在运输过程中,采用冷藏车保障低温运输。在零售终端,蒙牛在其每个小店、零售店、批发店等零售终端投放冰柜,以保证其低温产品的质量。

4. 使每一笔单子做大

物流成本控制是乳品企业成本控制中一个非常重要的环节。蒙牛减少物流费用的方法是尽量使每一笔单子变大,形成规模后,在运输的各个环节上就能得到优惠。

此外,蒙牛的每一次运输活动都经过了严密的计划和安排,运输车辆每次往返都会将运进来的外包装箱、利乐包装等原材料和运出来的产成品做一个基本结合,使车辆的使用率提高了很多。

【思考】
(1)蒙牛是如何打造快速物流系统的?
(2)蒙牛是如何合理选择运输方式的?
(3)运输有什么样的功能与作用呢?

 实训

(1)实训背景

按照运输方式选择的原则,在所在地调查收集相关资料,为确定选择最优运输方式奠定基础。

(2)实操过程

实操过程分为:

一是到大型企业实地调查需要运送物资的有关资料(包括货物的种类、性质、对事件的要求、对运费的负担能力、运输的批量、运输的距离等)。

二是收集各种运输方式的运输成本、运输时间、运输距离、安全性等有关资料。

三是选择最优运输方式。

① 到需方亲自调研。
- 按照调运输方式选择的原则,选择大型企业实地调研。
- 确定调研内容并开展调研。持预先设计表格和有关内容到大型企业实地考察,收集相关信息。
- 统计整理调研结果。通过整理企业需要运送物资的有关信息,为正确选择合适的运输方式打下基础。

② 收集各种运输方式的相关信息。
- 明确每个人员的负责调查的运输方式种类、调研区域、调查的内容,规定应完成问卷数、完成时间等。
- 可通过实地调查、电话或网上调查形式调研。
- 收集整理统计调查结果。

③ 选择最优运输方式。

获得上述信息后,通过运输方式选择的定性分析法或成本分析法,选择出最优运输方式,为企业提供服务。

(3) 模拟时间

模拟时间为2个课时。

(4) 角色扮演

由5~7人组成一个小组,实地或通过电话、网络找调研对象进行调研。注意事先确定调研对象和调研的内容,并事先设计表格。

(5) 效果要求

小组人员熟练掌握运输方式选择的内容,并能熟练运用于实际中,通过调查整理有关资料,选择最合适的运输方式,要求能够顺利地完成任务。

(6) 技能训练评价(表1-14)

考核标准与方法 表1-14

考评人		被考评人	
考评地点			
考评内容			
考评标准	内容	分值	实际得分
	调查内容完整	25	
	查阅资料的内容正确、完整	25	
	参与讨论积极	25	
	有团队合作精神	25	
	合计	100	

注:考评满分为100分,60~74为及格;75~84为良好;85分以上为优秀。

单元2 公路货物运输作业准备

引言

物流企业接到订单之后通常是公路货物运输作业准备的开始，企业会采取相应的处理措施，开展一系列的物流活动来完成订单规定的内容。也就是说，由客户端接受订货资料，将其处理、输出，然后仓库人员根据处理过的订单资料开始拣货、理货、分类、配送等一连串物流作业，最后按照订单进行装车运送。无论进货物流还是出货物流，物流中心每天的物流作业都直接或间接由订单处理作业开始。

职业岗位职责

结合本单元理论的学习与实务讲解，使学生能够具体从事：
①公路运输业务的操作流程。
②公路货物运输合同的基本知识及纠纷处理。
③规范地签订物流运输合同。

核心能力及教学目标

- **知识目标**

①掌握公路运输业务的操作流程。
②熟悉公路运输货物的分类和禁运货物。
③掌握公路货物运输合同的基本知识。
④掌握公路运输合同的纠纷处理。

- **能力目标**

①能够运用运输管理信息系统进行作业操作以提高工作效率。
②能规范地签订物流运输合同。
③熟悉物流合同的相关法律法规。

- **素质目标**

①树立优良的服务意识。
②锻炼快速反应能力。
③培养学生发现问题、分析和解决问题的基本能力。

2.1 受理业务

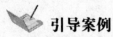
引导案例

西宁市红星物流有限公司是一家专门从事公路货物运输的第三方物流公司,成立于2003年,位于西宁市海湖新区海湖大道18号。该公司自有车辆20台,承揽全国各大中小城市的公路干线运输业务。客户专员王平在2010年8月25日10:00~11:00接到两笔运输业务。

业务一:

西安哈达畜产品公司为了满足市场供应,需要从西宁购进牛羊肉500kg,该货物要在2010年9月2日前运达西安。

业务二:

西宁图书有限公司根据读者的消费需求,2010年8月27日从北京国贸图书公司购进2000本图书。每本书的尺寸为25cm×18cm×4cm(长×宽×高),质量为500g。这些书需要在2010年10月2日运到,交货方式为送货到门。

作为公路运输物流员,应如何完成这两项任务?

有生意上门才有活干。在物流中心每天的营运活动里,订单处理即扮演这种先端的角色——把生意接进来,让大伙有事做。也就是说客户端接受订货资料,将其处理、输出,以便开始拣货、理货、分类、配送等一连串物流作业。图2-1为货物运输业务受理的现场图。

图2-1 货物运输业务受理

2.1.1 受理接单(Accept Orders)

接单:商务代表从客户处接收运输发送计划,详细记录相关信息,确定货物是否属于作业范围的过程。

接单方式主要有两类:传统方式接单和现代电子接单,如图2-2所示。

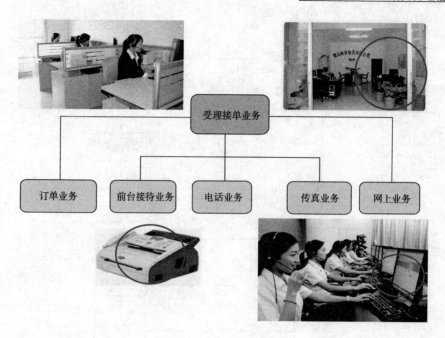

图 2-2　受理接单业务方式

（1）受理接单的传统方式

①订单业务。

订单：即订购货物的合同、单据，表示与客户进行物流业务的正式和最终确认。

物流中心的订单处理范围在于处理订货作业，故其作业流程起始于接单。经由接单所取得的订货信息，经过处理和输出，开启物流中心出货物流活动。在这一连串的物流作业里，订单是否有异动、订单进度是否如期进行，亦是订单处理范围。即使已经配送出货，但订单处理并未结束。若配送时出现订单异动，如客户拒收、配送错误等，需要将这些异动状况处理完毕，并确定实际的配送内容，订单处理才算结束。物流中心与销售商的订单流程如图 2-3 所示。

②前台接待业务。

前台接待（图 2-4）：主要是负责企业客户的来访及登记。

前台接待员岗位职责包括以下几方面。

a. 礼貌待客、热情服务，使客户称心满意。

b. 随时接受上司委派的任何工作。

c. 制作有关客户的各类报表，为企业的经营管理工作提供准确的资料。

d. 做好关于客户资料的收集、存档和核查工作。

e. 提供查询服务，但切记不要随意将客人资料告知他人。

f. 了解客情，发现问题及时向上级汇报。

g. 异常特殊事情必须向上级汇报。

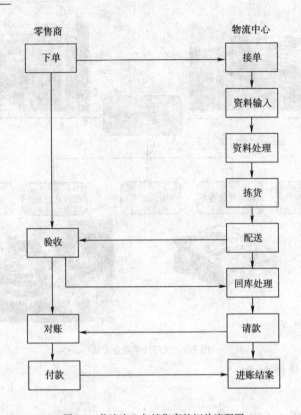

图 2-3　物流中心与销售商的订单流程图

图 2-4　前台接待

③客服中心接听电话业务。

电话业务：即通过电话与客户洽谈生意、推销产品或服务等，是直复式营销的一种方式。许多行业在传统推销渠道的同时，越来越重视应用电话业务。

在电话接听服务中，应及时、准确，并注重语言技巧。如果接听不及时，就可能会丢失一个业务、一个商机，给物流企业造成一定的经济损失，甚至损害企业形象、影响企业的经营效益。

想一想

客服人员每天都要接待许多电话询问,很多都是商业往来,那么一个合格的客服人员在进行电话服务的时候都该注意些什么呢?

商务代表接单标准用语见表2-1。

商务代表接单标准用语表　　　　　　表2-1

情　景	不当用语	礼貌用语
向人问好	喂	您好
自报家门	我是××公司的	这里是××公司
问对方身份	你是谁	请问您是……
问别人姓名	你叫什么名字	能否告诉我您的姓名
问对方姓氏	你姓什么	请问您贵姓
要别人电话	你电话是多少	能留下您的联系方式吗
叫别人等待	你等着	请您稍等一会儿
结束谈话	你说完了吗	您还有其他吩咐吗
做不到	那样可不行	很抱歉,这个我们可能办不到
没听清楚	再说一遍	对不起,请您再说一遍,好吗

为规范接待人员接、打电话的行为,为客户提供优质、高效的服务,展示公司良好的形象,在接打电话时应注意:

a. 使用普通话,语速均匀清晰,语气要温和。

b. 电话铃响3声内拿起电话,主动问候:"您好!×××物流公司"。

c. 在桌上常备纸笔以记录用户电话。

d. 电话挂断,一般由打入方先挂。

e. 熟悉自己企业的业务内容。

④传真收发业务。

传真:是近二十多年发展最快的非话音电信业务。将文字、图表、相片等记录在纸面上的静止图像,通过扫描和光电变换,变成电信号,经各类信道传送到目的地,在接收端通过一系列逆变换过程,获得与发送原稿相似记录副本的通信方式。

公司的具体业务不同,传真内容要求也不同,但一般都包括抬头、收件人、发件人、主题、传真号码、日期、页数等。抬头一般是发件人公司的信息。

(2)电子接单方式

想一想

通过如图 2-5 所示的内容,想一下物流客服网上业务有哪些?

图 2-5　物流客服网上业务

卓越物流电子商务平台如图 2-6 所示。

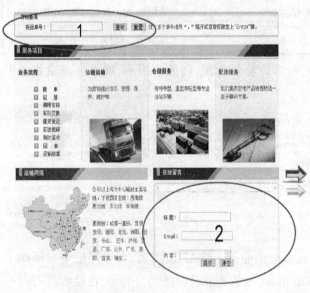

a)卓越物流电子商务平台　　　　　　b)网上业务内容

图 2-6　卓越物流电子商务平台

电子商务客户信息反馈如图 2-7 所示。

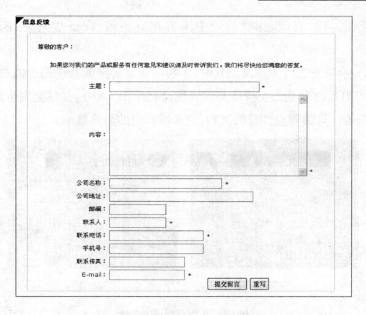

图 2-7 电子商务客户信息反馈

网络接单：即通过网络的手段接到订单,达到成交的一个过程。也就是说,客户通过官方网站、数据库、广告等网络媒体看到企业发布的出售信息,跟客户沟通达到成交的过程。

 知识链接 2-1

(1) 网络接单的工具

网络接单的工具有:阿里旺旺、慧聪发发、B2B 平台提供的沟通工具、电子邮箱、qq、电话传真等空中联络工具。

(2) 如何正确地回复客户邮件

- 邮件地址——确认准确
- 邮件标题——明确、简洁
- 称呼——尊称
- 开头——简单的自我介绍
- 主体——应力求简明扼要,并求沟通效益
- 字体——宋体;大小为 10
- 一行最大文字数——不超过 30 文字
- 落款——清晰明确,注明发信者身份

2.1.2　受理托运

(1) 货物的属性

货物的一般属性是指各种货物本身所具有的通常的物理、化学特性。掌握货物的一

般属性,有利于在运输、装卸、保管过程中采取相应措施,保证货物完好无损地到达目的地。

① 耐温性,是指货物在外界温度变化时,不损坏或显著降低其使用价值的性能。不耐温的货物,如皮革[图2-8a)]受热会降低其柔软性,粮食[图2-8b)]受热会发生霉烂,易腐货物受热会发生变质等。运输耐温性差的货物,应采取相应的防热措施。

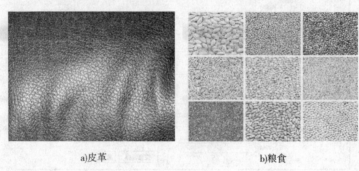

a)皮革　　　　　　　　　　b)粮食

图2-8　易受温度影响的货物

② 耐湿性,是指货物对水分或潮湿侵袭的抵抗能力。不耐湿的货物,如化肥、农药,水遇潮湿会结块(图2-9),水分渗入过多会变成糊状,甚至变质。装运耐湿性差的货物时,车辆应有防雨设备,以免货物受损。

图2-9　结块的货物

③ 脆弱性,是指货物在受到外力冲击或重压时易于变形和破碎的特征。如玻璃、陶瓷制品等,如图2-10所示。装卸时应小心轻放,文明装卸。

a)　　　　　　　　　　　　b)

图2-10　易碎的货物

④互抵性，是指两种货物各自的性质相互抵触、相互产生有害作用的特性。属于互抵性物品的货物有：石碱与耐火砖、金属物与酸性类物质等。严禁互抵性货物混装和混合储藏。

⑤易腐性，是在一定条件下，货物由于本身的物理和化学变化而迅速腐败的特性。如鲜肉、水果、蔬菜等，如图2-11所示。

图2-11　易腐的货物

⑥危险性，是指某些货物具有爆炸、易燃、毒害、腐蚀、放射性的特征。如化学药品、军工原料、农药制剂等。在运输、装卸、保管过程中若处理不当，容易造成人员伤亡、财产损失等严重后果，如图2-12所示。

（2）货物的分类

货物种类繁多，特征各异。不同货物的运输、装卸和储存方法也不相同。为便于企业对运输生产过程的组织管理，需将货物按一定的目的和要求进行分类。

图2-12　存在危险性的货物

①按货物的装卸方法分类，可分为件装货物、散装货物和罐装货物。如图2-13所示。

按装卸方法分类
- **件装货物**：是指可以用件计算数量的货物。这类货物的每个个体都有一定的质量、形状和体积，又可分为有包装的货物和无包装的货物。装运时应注意点件交接，防止差错
- **散装货物**：也叫堆积货物，采用输送、铲抓、倾卸等方法装卸，如煤炭、矿石、砂石等
- **罐装货物**：一般是指无包装的液体货物。随着装卸技术的发展，许多粉末和小颗粒状的货物，如水泥、粮食等也采用罐装运输

图2-13　按货物的装卸方法分类图示

②按货物的运输条件分类,可分为普通货物和特种货物。如图2-14所示。

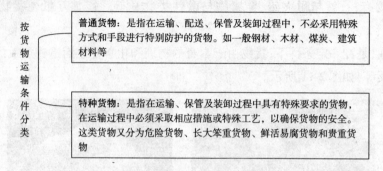

图2-14 按货物的运输条件分类图示

③按托运货物的批量,可分为零担和整批货物。如图2-15所示。

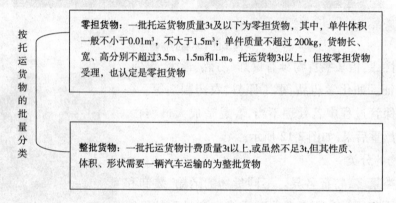

图2-15 按托运货物的批量分类图示

(3)公路货运企业禁运货物种类

①具有腐蚀性(如蓄电池、碱性的电池液等腐蚀品)、毒性、强酸碱性和放射性的各种危险品。如:火柴、雷管、火药、爆竹、硫酸、盐酸、硝酸和有机溶剂,如图2-16所示。

a)硝酸

b)硫酸

c)烟花爆竹

图2-16 具有腐蚀性、毒性、强酸碱性和放射性的各种危险品

②易燃易爆物品。易燃液体:如油漆、汽油、酒精类、机油、樟脑油、发动机启动液、松节油、天拿水、胶水和香水等。易燃固体:自燃物质、遇水释放易燃气体的物质,如活性炭、钛粉、椰肉干、蓖麻制品、橡胶碎屑、安全火柴(盒擦式或片擦式)、干燥的白磷、干燥的黄磷、镁粉等。如图2-17所示。

图 2-17　易燃易爆物品

③妨碍公共卫生的物品。如尸骨(包括已焚的尸骨)、未经硝制的兽皮、未经药制的兽骨等。如图 2-18 所示。

图 2-18　兽皮、兽骨

④各类烈性毒药、麻醉药物和精神物品。如：砒霜、鸦片、吗啡、可卡因、海洛因、大麻等。如图 2-19 所示。

⑤国家法令禁止流通或寄运的物品。如：文物、武器、弹药、猎枪、仿真武器等。如图2-20 所示。

⑥含有反动、淫秽或有伤风化内容的报刊书籍、图片、宣传品、音像制品、激光视盘(VCD、DVD、ED)计算机磁盘及光盘等。如图 2-21 所示。

⑦动物、植物以及它们的标本。如图 2-22 所示。

⑧难以辨认成分的白色粉末、私人信函等。如图 2-23 和图 2-24 所示。

⑨气体。如压缩气体、干冰、灭火器(图 2-25)、蓄气筒(无排放装置,不能再充气的)、救生器(可自动膨胀的)等。

 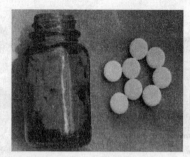 

a)可卡因　　　　　　　　　b)吗啡片　　　　　　　　　c)海洛因

d)鸦片　　　　　　　　　　　　　e)罂粟

图 2-19　烈性毒药、麻醉药物和精神物品

a)枪支　　　　　　　　　　　　　b)子弹

图 2-20　枪支、弹药

a)VCD碟片　　　　　　　b)DVD碟片　　　　　　　c)晶片

图 2-21　音像制品

a) 梅花鹿标本

b) 蝴蝶标本

c) 麋鹿标本

d) 树叶标本

图 2-22　动物、植物以及它们的标本

图 2-23　难以辨认成分的白色粉末

图 2-24　私人信函

a) 各类手提式、推车式灭火器

b) 手提式干粉灭火器

图 2-25　各式灭火器

⑩难以估算价值的有价证券及易丢失的贵重物品。如：提货单[图 2-26a)]、核销单、护照、配额证[图 2-26b)]、许可证、执照、私人证件、汇票、发票、本国或外国货币（现金）、金银饰物[图 2-26c)]、人造首饰和手机等。

a)提货单

b)有价证券
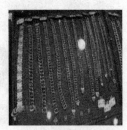
c)金银饰物

图 2-26　有价证券及易丢失的贵重物品

⑪保护动物或由保护动物制成的相关物品。如图 2-27 所示。

a)丹顶鹤

b)大熊猫

c)鹰嘴龟

图 2-27　国家保护动物

2.2　公路运输合同的订立

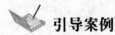引导案例

某货主从西宁托运一批土产杂品至西安,毛重 70kg,运费为 120 元,途中路桥费 90 元,发生装卸搬运费用 33 元。货物价值约合 3000 元,要求 5 天内到达。

本次任务其他相关信息:

承运单位:三江源货运有限公司	需要车种:5t 厢式货车
车辆牌照:青 A12345	货物件数:2 件
托运人地点:西宁市生物园区海湖大道××号	
电话:0971-55××××	邮编:810016
收货人地址:西安市×××市容园林局	
电话:029-49××××××	邮编:710032
约定起运日期:2010 年 10 月 20 日	包装形式:纸箱
约定到达日期:2010 年 10 月 25 日	运费结算方式:现金结算

根据既设工作任务,请同学们模拟三江源货运有限公司工作人员,制作一份托运单。

公路运输涉及的单证主要有汽车货物运输合同、托运单等。如果托运人在一定时期内需要经常向承运人托运货物的话,可以与承运人签订货物运输合同。

◀ 2.2.1 运输合同的订立原则

名词解释

> 运输合同:是承运人将旅客或货物运到约定地点,旅客、托运人或收货人支付票款或运费的合同。运输合同的客体指承运人将一定的货物或旅客运到约定地点的运输行为。

运输合同的制订应依据《中华人民共和国合同法》(以下简称《合同法》)、《货物运输规则》、《货物运输质量标准》及其他有关规定。

运输合同的订立原则如图 2-28 所示。

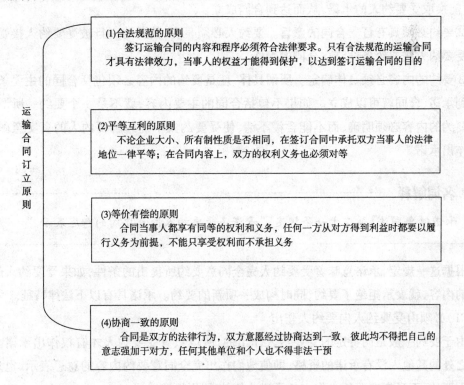

图 2-28 运输合同的订立原则

◀ 2.2.2 运输合同订立的程序

《中华人民共和国合同法》第十二条规定:"当事人订立合同,采取要约、承诺方式。"运输合同的订立也要经过要约和承诺的阶段。

名词解释

要约:又称发盘、发价和报价等。《合同法》第十四条规定:"要约是希望和他人订立合同的意思表示。"

该意思表示应当符合下列规定:
①内容具体确定。
②表示经受要约人承诺,要约人即受该意思表示约束。发出要约的人称为要约人,接受要约的人称为受要约人、相对人或者承诺人。

要约是订立合同的必要阶段,不经过要约的阶段,合同是不可能成立的。一个意思表示能否构成要约,必须具备以下三个条件。

①要约必须是特定人向特定人做出的意思表示。发出要约的人应当是订立合同的一方当事人,受要约人原则上也应当是特定的,因为要约只有向希望与其订立合同的受要约人发出,才能换取受要约人的承诺,从而达到合同成立。

②要约必须具有订立合同的意旨。要约人必须表明:其要约一旦被受要约人接受,就承担与受要约人按要约条件订立合同的责任。

③要约的内容必须具体确定。所谓具体,就是要约的内容必须包括合同的主要条款,一旦得到承诺,合同就可以成立。如果不包括合同的主要内容,就不是一个要约。所谓确定,是指要约的内容必须明确,而不能含糊不清,使受要约人不能理解要约人的真实意图,否则无法作出承诺。

 名词解释

承诺:《合同法》第二十一条规定:"承诺是受要约人同意要约的意思表示。"

根据这一规定,承诺意味着受要约人完全同意要约所提出的条件,如果受要约人改变了要约的内容,就表示拒绝了要约,同时构成一项新的要约。承诺具有以下法律特征。

(1)必须由受要约人向要约人作出

由于要约一般是向特定的受要约人作出的,所以只有受要约人才有权作出承诺。受要约人之外的其他人没有承诺的资格,即使他们作出完全同意要约内容的意思表示,也只能视为发出要约,而只有向要约人作出的承诺才能使合同成立。

(2)必须同意要约内容

承诺的内容必须与要约的内容一致。对此,《合同法》第三十条作出了明确的规定。合同就是双方当事人的合意,是双方的意思表示一致的结果,这就要求承诺必须是对要约内容的同意。对于要约的实质性内容不得更改,否则就是一项新要约。要约实质性内容,包括合同的标的、数量、质量、价款或者报酬、履行期限、履行地点和方式、违约责任和解决争议的方法等。

(3) 必须在要约的有效期内作出

在旅客运输合同中,要约一般为口头要约,故承诺人应该即时表示是否承运;在货物运输合同中,应在规定的承诺期内作出是否承运的表示。

应当注意的是,公共运输的承运人是向社会公众发出要约邀请,社会公众(无论是任何人)只要发出希望与承运人订立运输合同的意思表示(如购票、托运、向计程车招手等),承运人就要与之订约而不得拒绝,即承运人承担法律规定的强制承诺义务。例如,出租车不得拒载,车站、机场不得拒绝向某旅客售票等。由于公共运输在社会中的重要地位,其往往处于垄断或者国家经营的优势地位,而公众处于弱者的地位,因此法律对公共运输实行严格管制,强令公共运输承运人承担强制承诺义务是非常必要的。这里需要强调的是,从事公共运输的承运人并非不能拒绝旅客、托运人的任何运输要求。例如在运输工具已满载的情况下,从事公共运输的承运人就可以拒绝旅客乘坐的要求。由于不可抗力导致不能正常运输的情况下,从事公共运输的承运人也可以拒绝旅客或者托运人要求按时到达目的地的要求。

◀ 2.2.3 运输合同的主要条款

运输货物种类、方式的不同,决定了运输合同内容的不同,但各种运输合同均有共同的基本条款,缺少这些基本条款,运输合同的效力或履行就会存在问题。运输合同的主要条款包括以下几个方面。

(1) 货物的名称、性质、体积、数量及包装标准

托运人必须如实填写,货物名称不得谎报。需要说明货物规格或性质的,要在品名之后用括号加以注明。在运输合同中必须明确规定运输货物的实际数量,数量必须严格按照国家规定的度量衡制度确定标的物的计量单位。货物数量的计量办法,凡国家或有关主管部门有规定的,必须按规定执行;国家或主管部门没有规定的,由供需双方商定。对某些产品,必要时应在合同中写明交货数量和合理磅差、超欠幅度、在途自然减量等。在运输合同中,当事人应根据货物的性质、质量、运输种类、运输距离、气候以及货车装载等条件,选择包装种类,如"木箱"、"麻袋"等。有国家包装标准或部包装标准(专业标准)的,按国家标准或部标准规定;无统一标准的,按当事人双方协商的暂行标准加以规定。

(2) 货物起运和到达地点、运距、收发货人名称及地址

在运输合同中,托运人应完整准确地填写货物发运地和货物运送地的名称,其所属的省、自治区名也应清晰明确。收发货人的名称,是指发货单位或收货单位的完整名称。收货人或发货人的地址,即收货人或发货人所在地的详细地址。发货人在发送货物时,应详细填写发货人和收货人的名称及地址。

(3) 运输质量及安全要求

需要运输的货物，要根据其性质、运输距离、气候条件等选择适合的包装，以及符合标准的车辆，以保证运输质量、减少运输途中的损失。为了运输安全，对于需要特殊照料的货物须派人押运。需要特殊照料的货物，是指活动物、需要浇水运输的鲜活植物、生火加温运输的货物以及其他有特殊规定的货物。

(4) 货物装卸责任和方法

由发货人组织装车的货物应按照有关规定的装载技术要求装载，并在约定的时间内装载完毕。发货人组织装货时，应认真检查货车的车门、车窗盖、阀等是否完整良好、有无机修通知或通行限制；应认真检查车内是否清洁，是否有有毒物污染；并按合同规定的时间，完成装货任务。收货人组织卸货时，应清查货物在途中的损失量，并按有关技术规定卸货，在合同规定的时间和地点安全卸货。发货人对货物装车时造成的损失承担责任，收货人对在货物卸车时造成的损失承担责任。

(5) 货物的交接手续

在货物装卸和运输过程中，合同双方当事人都应按合同规定办好货物交接手续，做到责任分明。托运人应凭约定的装货手续发货。装货时，双方当事人应在场点件交接，并查看包装及装载是否符合规定标准，承运人确认无误后，应在托运人发货单上签字。货物运达指定地点后，收货人和承运人应在场点件交接，收货人确认无误后，应在承运人所持的运费结算凭证上签字。如发现有差错，双方当事人应共同查明情况，分清责任，由收货人在运费凭证上批注清楚。

(6) 批量货物运输起止日期

运送批量货物应详细地写明货物的起运日期和到达日期。在起运日期和到达日期填写的过程中，一定注意避免用几天这样的词语。例如，在合同中最好不要直接写五天内送达，应该写从哪一天起五天内到达，或者直接用完整的年、月、日表示。

(7) 年、季、月度合同的运输计划提送期限和运输计划的最大限量

托运人在交接货物时，应在合同商定的时间内，以文书、表式或电报等方式向承运人提送履行合同的年、季、月度的运输计划，注明提送期限和运输计划的最大限度作为运输合同的组成部分。

(8) 运杂费计算标准及结算方式

通常运输合同的运杂费由合同当事人自行协商确定。结算方式主要有逐笔结算、定期结算、定额结算等，具体采用哪一种方式可以由双方协商确定。逐笔结算指的是每完成一次运输任务结算一次费用；定期结算指承托双方协商一个结算时间，然后在这一固定的时间内进行运费的结算；定额结算是指当运费累计到一定金额后再进行结算。

(9) 运输合同的变更与解除

①运输合同变更与解除的概念。运输合同的变更，是指经合同双方同意，在法律允许的

范围内和合同规定的时间内,对运输合同内容进行更改的法律行为。运输合同的解除,是指合同有效成立后,基于当事人双方的意思表示,使特定的运输合同托运人与承运人之间的权利义务关系归于消灭的法律行为。

②运输合同变更或解除的条件。合同变更与解除都改变了原合同关系,两者有许多相似之处。但是并不是在任何情况下,都能进行运输合同的变更或解除。运输合同变更或解除的条件主要有。

a. 运输合同签订后,任何一方不得擅自变更或解除。如确有特殊原因不能继续履行或需变更时,需经双方同意,并在合同规定的时间内办理变更。如在合同规定的期限外提出,必须负担对方已造成的实际损失。

b. 涉及国家指令性计划的运输合同,在签订变更或解除协议前,须报下达计划的主管部门核准。

c. 因自然灾害造成运输线路断阻或执行政府命令等原因影响按时履行运输合同时,承运人应及时通知托运人提出处理意见。

d. 变更或解除运输合同,应当以书面形式(公函、电报或变更计划表)提出或答复。

③货物运输过程中因不可抗力造成运输阻滞时,承运人应及时与托运人联系,协商处理,发生的货物装卸、接运和保管费用按以下规定处理。

a. 接运时,货物的装卸、接运费用由托运人承担,承运人收取已完成运输里程的运费,退回未完成里程的运费。

b. 回运时,收取已完成运输里程的运费,回程运费免收。

c. 托运人要求绕道行驶或改变到达地点时,收取实际运输里程的运费。

d. 货物在受阻处存放时,保管费用由托运人承担。

(10)违约责任

承托双方在运输开始前明确自己应该承担的相应责任是运输任务完整执行的前提条件,也是承托双方最基本的行为指南。目前,对于承托双方责任的划分主要有以下内容。

①承运人的责任。承运人责任是指承运人未按约定期限将货物运达指定地点,或因承运人的过失将货物错送或错交时应承担的责任。

第一,承运人的责任类别:由于承运人的过错使运输合同不能履行或不能完全履行所承担的违约责任,主要有以下几个类别。

a. 逾期送达责任。承运人未按合同规定的时间和要求配车发运,造成货物逾期送达时,应按合同规定付给对方违约金。

b. 货损货差责任。从货物装运时起到货物交付完毕时止发生的货物灭失、短少、变质、污染或损坏的,应按货物实际损失赔偿对方。

c. 错交错运责任。货物错运到达地点或错交收货人时,由此造成货物延迟交付的按逾期送达处理。

  d. 故意行为责任。经核实确属故意行为造成的事故,除按合同规定赔偿直接损失外,交通主管部门或合同管理机关还应对承运人处以罚款,并追究相应责任。

  第二,承运人的免责事项:承运人的责任期限是从接收货物时起至交付货物时止。在此期限内,承运人对货物的灭失或损坏负赔偿责任。但有下列情况之一者,经承运人举证后可不负责赔偿责任。

  a. 不可抗力。

  b. 货物本身的自然性质变化或合理损耗。

  c. 由于包装内在缺陷造成的货物损失。

  d. 包装表面完好无损而内装货物损毁或灭失。

  e. 托运人违反国家法令或规定,致使货物被有关部门查扣、弃置或作其他处理。

  f. 收货人逾期提货或拒不提货而造成货物霉烂变质。

  ②托运人的责任。托运人责任是指托运人未按合同规定的时间和要求备好货物和提供装卸条件,以及货物运达后无人收货或拒绝收货,从而造成承运人车辆放空、延滞及其他损失时,托运人应负赔偿责任。

  因托运人下列过错造成承运人、站场经营人、搬运装卸经营人的车辆、机具、设备等损坏、污染或人身伤亡以及因此而引起的第三方的损失,由托运人负责赔偿。

  a. 在托运货物中故意夹带危险货物或其他易腐蚀、易污染货物以及禁运、限运货物等。

  b. 错报、匿报货物的质量、规格、性质。

  c. 货物包装不符合标准,包装、容器不良而从外部无法发现。

  d. 错用包装、储运图示标志。

  e. 托运人未如实填写托运单,错报、误填货物名称或装卸地点,造成承运人错送、装货落空以及其他损失。

  ③其他相关责任。

  a. 货运代理人以承运人身份签署运单时应承担承运人责任,以托运人身份托运货物时应承担托运人的责任。

  b. 装卸搬运作业中,因装卸搬运人员的过错造成货物毁损或灭失时,应由站场经营人或装卸搬运经营者承担赔偿责任。

(11)双方商定的其他条款

  除合同中规定的基本条款之外,订立合同的双方还可以在其他条款里加注一些双方规定之外的内容,如双方未尽事宜的处理可以依据什么标准、合同条款的解释归属权、出现纠纷的解决方法等问题。

2.2.4 运输合同的基本格式(表2-2)

公路货物运输合同样本　　　　　　　表2-2

订立合同双方:
　　托运方:
　　承运方:
　　托运方详细地址:
　　收货方详细地址:
　　根据国家有关运输规定,经过双方充分协商,特订立本合同,以便双方共同遵守。
　　第一条　货物名称、规格、数量、价款。

货物编号	品名	规格	单位	单价	数量	金额(元)

　　第二条　包装要求。托运方必须按照国家主管机关规定的标准包装;没有统一规定包装标准的,应根据保证货物运输安全的原则进行包装,否则承运方有权拒绝承运。
　　第三条　货物起运地点与货物到达地点。
　　第四条　货物承担日期与货物运到期限。
　　第五条　运输质量及安全要求。
　　第六条　货物装卸责任和方法。
　　第七条　收货人领取货物及验收方法。
　　第八条　运输费用、结算方式。
　　第九条　各方的权利和义务。
　　(1)托运方的权利与义务
　　①托运方的权利:要求承运方按照合同规定的时间、地点,把货物运输到目的地。货物托运后,托运方需要变更到货地点或收货人,或者取消托运时,有权向承运方提出变更合同的内容或解除合同的要求。但必须在货物未运到目的地之前通知承运方,并应按有关规定付给承运方所需费用。
　　②托运方的义务:按约定向承运方交付运杂费。否则,承运方有权停止运输,并要求对方支付违约金。托运方对托运的货物,应按照规定的标准进行包装,遵守有关危险品运输的规定,按照合同中规定的时间和数量交付托运货物。
　　(2)承运方的权利与义务
　　①承运方的权利:向托运方、收货方收取运杂费用。如果收货方不交或不按时交纳规定的各种运杂费用,承运方对其货物有扣压权。查不到收货人或收货人拒绝提取货物,承运方应及时与托运方联系,在规定期限内负责保管并有权收取保管费用,对于超过规定期限仍无法交付的货物,承运方有权按有关规定予以处理。
　　②承运方的义务:在合同规定的期限内,将货物运到指定的地点,按时向收货人发出货物到达的通知。对托运的货物要负责安全,保证货物无短缺、无损坏、无人为的变质,如有上述问题,应承担赔偿义务。在货物到达以后,按规定的期限,负责保管。
　　(3)收货人的权利与义务
　　①收货人的权利:在货物运到指定地点后有以凭证领取货物的权利。必要时,收货人有权向到站、或中途货物所在站提出变更到站或变更收货人的要求,签订变更协议。

续上表

②收货人的义务:在接到提货通知后,按时提取货物,缴清应付费用。超过规定提货时,应向承运人交付保管费。

第十条 违约责任

(1)托运方责任

①未按合同规定的时间和要求提供托运的货物,托运方应按其价值的_____%偿付给承运方违约金。

②由于在普通货物中夹带、匿报危险货物,错报笨重货物重量等导致吊具断裂、货物摔损、吊机倾翻、爆炸、腐蚀等事故,托运方应承担赔偿责任。

③由于货物包装缺陷产生破损,致使其他货物或运输工具、机械设备被污染腐蚀、损坏或造成人身伤亡的,托运方应承担赔偿责任。

④在托运方专用线或在港、站公用线、专用线自装的货物,在到站卸货时,发现货物损坏、缺少,在车辆施封完好或无异状的情况下,托运方应赔偿收货人的损失。

⑤罐车发运货物,因未随车附带规格质量证明或化验报告,造成收货方无法卸货时,托运方应偿付承运方卸车等存费及违约金。

(2)承运方责任

①不按合同规定的时间和要求配车(船)发运的,承运方应偿付托运方违约金_____元。

②承运方如将货物错运到货地点或接货人,应无偿运至合同规定的到货地点或接货人。如果货物逾期到达,承运方应偿付逾期交货的违约金。

③运输过程中货物灭失、短少、变质、污染、损坏,承运方应按货物的实际损失(包括包装费、运杂费)赔偿托运方。

④联运的货物发生灭失、短少、变质、污染、损坏,应由承运方承担赔偿责任的,由终点阶段的承运方向负有责任的其他承运方追偿。

⑤在符合法律和合同规定条件下的运输,由于下列原因造成货物灭失、短少、变质、污染、损坏的,承运方不承担违约责任。

　　a. 不可抗力。

　　b. 货物本身的自然属性。

　　c. 货物的合理损耗。

　　d. 托运方或收货方本身的过错。

第十一条 争议解决

因本合同引起的或与本合同有关的任何争议,甲乙双方可友好协商解决;协商不成,双方同意将争议提请至当地仲裁委员会进行仲裁。

第十二条 生效

本合同经双方授权代表签字并加盖公章或合同专用章后生效,有效期至　　年　月　日。

货物经收货人签收后则表明此合同已完结,承运人不承担签收后货物短损等问题。

附属:货物运输单为本合同不可分割的一部分,与本合同具有同等的法律效应。

本合同正本一式两份,合同双方各执一份;合同副本一式　份,送×××等单位各留一份。

托运方:　　　　　　　　　　　　承运方:

代表人:　　　　　　　　　　　　代表人:

地　址:　　　　　　　　　　　　地　址:

签字/盖章:　　　　　　　　　　签字/盖章:

　　　　　　　　　　　　　　　　签约时间:　年　月　日

2.2.5 运输合同纠纷

（1）运输合同纠纷的类型

运输合同纠纷是指在订立、履行运输合同过程中产生的纠纷，具体可分为以下几种。

①货物灭失纠纷。造成货物灭失的原因很多，可能由于承运人的运输工具发生事故（如船舶沉没、触礁，飞机失事，车辆发生交通事故或火灾等）或因承运人的过失（如绑扎不牢导致货物落海等）导致货物灭失。

【案例 2-1】

青海春风公司（以下简称春风公司）委托青海九齐物流有限公司（以下简称九齐公司）托运一批服装并签订托运合同，约定由九齐公司负责运输15箱服装。九齐公司又与李延喜签订运输合同，约定由李延喜将托运人的15箱服装运抵目的地。李延喜驾驶的运输车辆在甘肃省甘塘地区发生火灾，火灾原因不明。托运货物在火灾事故中全部烧毁。损失究竟由谁来承担？

本案应由九齐物公司承担损失赔偿责任。该托运合同的双方当事人是春风公司和九齐公司。

②货损货差纠纷。货损包括货物破损、水湿、汗湿、污染、锈蚀、腐烂变质、焦损、混票和虫蛀鼠咬等。货差即货物数量的短缺。货损货差既可能由于货方自身的过失造成，如货物本身标志不清、包装不良等，也可能由于承运人的过失造成，如装卸操作失误等。

【案例 2-2】

2012年5月，消费者赵某在河北某电器店购买了一款价值2000元的电烤炉。几天后，赵某接到太和县某物流公司的电话，通知其收货。赵某打开包装一看，发现电烤炉严重变形，拒绝签字验收，当场要求物流公司赔偿损失。物流公司以其是从合肥中转接的货为由，拒绝赔偿消费者损失。无奈之下，赵某找到了太和县消费者协会，请求帮助。经过消协工作人员耐心细致的调解，并向双方宣传相关的法律法规，最终该物流公司同意为消费者退回电烤炉，受损的电烤炉由河北某电器店包赔，消费者表示满意。

③货物的延迟交付。因承运人的交通工具发生事故，或在货物中转时因承运人的过失使货物在中转地滞留，或因承运人为自身利益绕路、绕航而导致货物晚到卸货地。

【案例 2-3】

甲乃一钢厂，乙为钢铁贸易公司。甲乙约定，甲在2010年6月1日前交付钢材50t于乙，货到付款。至2010年6月2日，甲未交付。问：乙可否解除合同？根据《合同法》的规定：一方迟延履行主要债务，经催告后于合理期限内仍未履行的，另一方可解除合同。换言之，此时若乙方想解除合同，需在合理期限内尽催告义务。

④单证纠纷。包括承运人或其代理人在签发单证时的失误引起的纠纷和因货物托运过程中的某一方伪造单证引起的单证纠纷。

⑤运费、租金等纠纷。因托运人的过失或故意而未能及时或全额交付运费或租金，或因双方在履行合同过程中因为其他费用如滞期费、装卸费等发生的纠纷等。

⑥运输工具损坏的纠纷。因托运人的过失造成对承运人的汽车、列车、船舶、集装箱及航空器等运输工具的损害纠纷。

【案例 2-4】

甲委托乙运输一批大件物品，甲申报每件物品的质量是 5t，乙用 8t 吊车吊装，吊杆折断。原来每件物品重达 10t，甲为误报。则甲应赔偿乙的吊杆折断损失。

(2) 运输合同纠纷的解决

发生运输合同纠纷时，承托双方应及时协商解决，协商不成时，可申请交通主管部门调解或申请合同管理机关调解、仲裁，也可以直接向当地人民法院起诉。

①损失发生后，承运人应及时通知托运人或收货人。托运人、收货人得知发生货运事故后，应在约定时间内与承运人签注货运事故记录。货物赔偿时效从托运人、收货人得知货运事故信息或签注货运事故记录的次日起算。

②当事人要求另一方当事人赔偿时，须提出赔偿要求书，并附运单、货运事故记录和货物价格证明等文件，要求退还运费的还应附运杂费收据。另一方当事人应在收到赔偿要求书的次日起，60 日内做出答复。

③由于承运人责任造成货物灭失或损失，以实物赔偿的，运费和杂费照收；按价格赔偿的，退还已收的运费和杂费；被损货物尚能使用的，运费照收。承运人非故意行为造成货物延迟交付的赔偿金额不得超过货物的全程运费。

④在保价运输中，货物全部灭失，按货物保价声明的价格赔偿；货物部分毁损或灭失，按实际损失赔偿；货物实际损失高于声明价格的，按声明价格赔偿；货物能修复的，按修理费加维修取送费赔偿。

⑤承运人或托运人发生违约行为时，应向对方支付违约金。违约金的数额由承托双方约定，没有约定或约定不明确的可以补充协议，不能达成补充协议的则应按照交付或应当交付时货物到达地的市场价格计算。

⑥丢失货物赔偿后又被查回的应送还原主，同时收回赔偿金或实物；原主不愿接受或无法找回原主的，由承运人自行处理。

⑦承托双方对货物逾期到达、车辆延滞、装货落空等都负有责任时，按各自责任所造成的损失相互赔偿。

【案例 2-5】

2009 年 9 月 1 日,天天粮油公司与西宁广川物流有限公司签订公路货物运输合同。合同约定,由物流公司最迟于 2010 年 9 月 20 日将 20t 大米从西宁运抵兰州,运费为 2000 元整。若你是其中一方当事人,请按所给定内容拟定合同。(可以自行完善内容)

根据已设定的工作任务,请同学们分组(两人一组)模拟签订公路货物运输合同。(其中一方为托运人、一方为承运人)

【解题思路】

第一步:分析公路货物运输合同。从格式上来看,合同由如图 2-29 所示的几个部分组成。

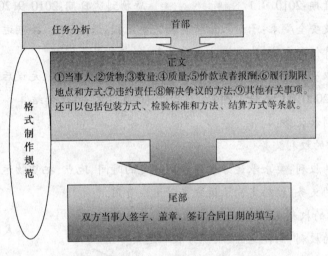

图 2-29　公路货物运输合同的格式

第二步:理清货物运输合同的内容制作规范。包括如图 2-30 所示的几个方面。

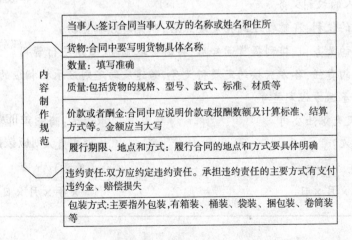

图 2-30　公路货物运输合同的主要内容

展示样本:

公路货物运输合同(范本)

托运方:天天粮油公司　　　　　　　承运方:西宁广川物流有限公司
负责人:章××　　　　　　　　　　负责人:李××
地址:西宁市城南区10号　　　　　　地址:西宁市南川西路22号
电话:139×××××××　　　　　　电话:131×××××××
货物:特等粳米20t,总价值4万元。
包装方式:外包装应采取保证货物质量并适合运输的方式包装货物。
起运地:西宁市东大街2号　　　　　到达地:兰州市七里河区工林路22号
货物承运日期:2010.9.1　　　　　 货物到达日期:2010.9.20
运输质量及安全要求:承运人应将货物完整无损、保质保量、按期运抵目的地。
货物装卸责任和方法:由承运方负责装卸,保证货物无毁损。
收货方领取货物及验收办法:由收货方自提货物并当场验收无误后支付运费。
运输费用:2000.00(贰仟元整)　　　结算方式:以现金结算
各方的权利和义务:
(1)托运方的权利义务
①托运方的权利:要求承运方按照合同规定的时间、地点,把货物运输到目的地。
②托运方的义务:按约定向承运方支付运杂费用。
(2)承运方的权利义务
①承运方的权利:向托运方、收货方收取运杂费用。
②承运方的义务:在合同规定的期限内,将货物运到指定的地点,按时向收货人发出货物到达的通知。
(3)收货人的权利义务
①收货人的权利:在货物运到指定地点后,以凭证领取货物。
②收货人的义务:在接到提货通知后,按时提取货物,缴清应付费用。
各方的违约责任:各方应按约定履行义务,若违反约定则应承担相应的违约责任。
托运方和承运方代表签字
托运方:天天粮油公司　　　　　　　承运方:西宁广川物流有限公司
法定代表人:章××　　　　　　　　法定代表人:李××
　　(盖章)　　　　　　　　　　　　　(盖章)
　　×年×月×日　　　　　　　　　　×年×月×日

单元小结

本单元主要介绍了公路货物运输作业准备工作,即受理业务和公路货物运输合同的订立,阐释了受理接单的方式、受理托运货物的分类及公路货运企业禁运货物种类。通过学习公路货物运输合同的订立,能够具备签订公路运输合同和处理简单运输合同纠纷的能力。本单元内容结构如图2-31所示。

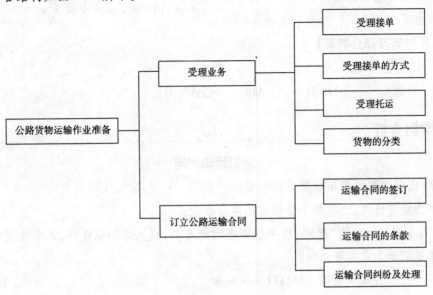

图2-31 本单元内容结构图

思考与练习

(1) 不定项选择题

①受理接单的传统方式有订单业务、前台接待业务、客服中心接听电话业务及(　　)。

A. 传真收发业务　　B. 电子订单业务　　C. 邮寄式业务　　D. 口头式业务

②因承运人的交通工具发生事故,或在货物中转时因承运人的过失使货物在中转地滞留,或因承运人为自身利益绕路、绕航而导致货物晚到卸货地而引起的纠纷属于(　　)。

A. 货物灭失纠纷　　B. 货损货差纠纷　　C. 货物的延迟交付　　D. 单证纠纷

③如何正确的回复客户邮件(　　)。

A. 邮件地址确认准确　　　　　　　　B. 开头简单的自我介绍

C. 邮件标题明确简洁　　　　　　　　D. 落款清晰明确

④按装卸方法,货物可分为(　　)。

A. 件装货物　　B. 罐装货物　　C. 散装货物　　D. 瓶装货物

⑤运输合同订立的原则是(　　)。

A. 平等互利原则　　　　　　　　　　B. 合法规范原则

C. 等价有偿原则　　　　　　　　D. 协商一致原则

(2) 名词解释

①受理接单　　　②运输合同

(3) 简答题

①物流活动中,受理接单的方式有哪几种?

②公路货运企业禁运货物的种类有哪些?

③什么是运输合同?它有什么特点?

【思考与练习部分答案】

(1) 不定项选择题

①A　　②C　　③ABCD　　④ABC　　⑤ABCD

案例分析

货物运输合同

甲方:内蒙古思源集团有限责任公司　　　乙方:北京王武公司

经甲乙双方协商,达成如下货物委托运输条款:

(1) 本车次货物装有"思源"牌牛奶等系列产品共计(大写)6000件,此车次货物送由内蒙古思源集团至北京思源公司。

收货人:王武;联系电话:1331111××××

(2) 本车次货物运输费用包干,总计全程运输费用为3000元。

(3) 货物在运输中,有关停车、食宿、过路过桥渡等费用由乙方自理,有关货损货差、雨湿污染、货损,以及交通事故等所造成的经济损失由乙方负责。甲方有权视情节轻重追究其经济赔偿,乙方不得将本车次货物倒卖、倾销,违者,甲方有权追究其所造成的一切后果及经济损失。

(4) 乙方必须在2008年6月30日前将货物送至甲方指定的地点及指定的收货人,核对收货人有关证件后,方可交货。若未准时到货,则迟到一天支付运费10%的违约金。

(5) 甲方负责货物的完整包装,并且要符合奶类食品运输包装的要求。

(6) 承运方负责将货物装卸火车,甲方和收货方负责由出入库到装卸台的作业。

(7) 收货方以外包装干净、完整为收货标准。否则,拒绝收货,并追究承运方责任。

(8) 本合同一式两份,甲、乙双方各执一份。本合同内容条款、货物数量涂改无效,签字生效起法力效力。如有未尽事宜,按照《中华人民共和国合同法》及相关国家和行业协会规定处理。因本协议所发生的争议由甲方所在地人民法院管辖。

甲方:内蒙古思源集团有限责任公司　　　乙方:北京王武公司

签名:张三　　　　　　　　　　　　　　签名:王武

电话:0474-5896××××　　　　　　　　电话:1331111××××

传真:0474-5896××××　　　　　车号:京A12346

司机姓名:周师傅

司机联系电话:1352689×××

司机身份证号:

【思考】

该合同是否完善?如不完善,请指出缺陷并补全。

 实训

(1) 实训目标

通过本次实训,使学生掌握运输合同签订过程中应该注意的问题、运输合同签订的程序、运输合同的主要条款以及条款在具体货物运输合同中的写法。

(2) 实训内容

针对某一次的运输状况分析其运输特点,选择一个承运商。草拟一份运输合同,就运输合同内容展开谈判,通过最终协商后签订合同。

(3) 实训时间

实训时间为2课时。

(4) 实训要求

本实训可以模拟进行,如把学生分成几大组,每一大组中分为两小组,两小组共同完成一份运输合同的协商、谈判、签订的过程。

要求每一组自行设计运输内容,根据运输内容自行模拟运输合同,在老师的引导下进行协商谈判。要求合同内容要全面、科学、合理。

同时,详细地记录过程,以及每个环节中存在的问题,解决的方法,最后整理资料,写出实训报告。

本次实训考核标准与方法见表2-3。

考核标准与方法　　　　　　　　　　　　　表2-3

考评内容	拟定公路货物运输合同		
	内容	分值	实际得分
考评标准	合同条款全面、完整;合同语言准确、周密	30	
	运输合同的协商、谈判、签订	30	
	合同责任明确、合理;合同页面整洁、无涂改	20	
	实训过程中解决问题的方法	20	
	合计	100	

单元3　公路普通货物运输组织

引言

普通货物是指对车辆结构和运输组织无特殊要求的货物。它在货物运输生产中占相当大的比例，我们日常生活中的家用电器、日用品、服装鞋帽、沙石矿石等都属于普通货物。普通货物的运输包括货物托运和受理、货物验收和保管、制票和承运、装车作业、货物途中作业、货物到达作业和货运事故处理等内容。

当物流中心营业部完成公路货物运输作业准备就绪，即签订了公路货物运输合同之后，物流中心其余各部门便开始分工协作进行公路货运的各项实质性作业。主要涉及始发站作业、途中作业、到达站作业等多个方面。如图3-1所示。

职业岗位职责

结合本单元理论的学习与实务讲解，使学生能够从事运输生产组织、站务管理、运输服务质量管理、运输经营管理等工作，具体包括以下三个方面。

①作为运输企业管理人员，进行企业生产经营管理工作。

②作为公路货运站务管理人员，进行公路货运站场管理工作。

③作为公路运输调度员，合理配置和调度车辆，提高企业经济效益。

核心能力及教学目标

- **知识目标**

①掌握整车货物运输作业内容及要求。

②掌握零担货物运输作业内容及要求。

③懂得车辆的配载配装。

④熟悉运输线路的优化方法。

⑤理解运输合理化的概念。

- **能力目标**

①能够熟练进行公路普通货物运输的各项业务操作。

②能够计算运费。

单元3 公路普通货物运输组织

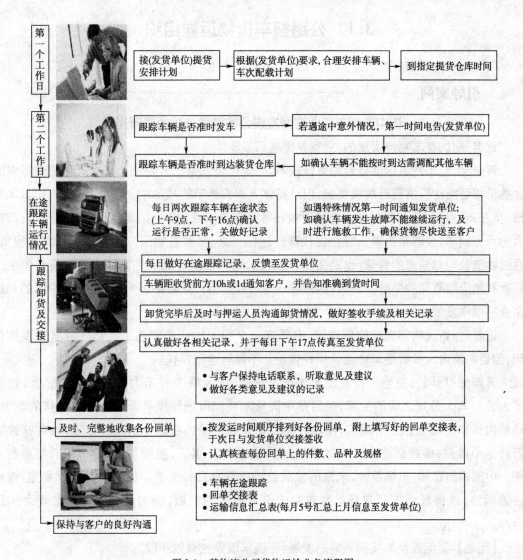

图3-1 某物流公司货物运输业务流程图

③具有运输线路的优化和选择能力。

④能够运用所学知识组织合理化运输。

● **素质目标**

①培养相互协作的团队精神,具有良好的职业道德、健全的体魄、良好的人际沟通能力和一线岗位适应能力。

②具有良好的职业操守和严谨的工作作风,自觉遵守与维护社会公德,为人正直,诚实守信,言行一致,豁达大度。

③有较高的文化修养,自强、自立、自爱,戒骄戒躁,乐观进取,始终保持良好心态。

3.1 公路整车货物运输组织

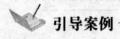
引导案例

访中国汽车工业咨询发展公司首席分析师贾新光

记者：制约整车物流发展的，究竟是哪些因素？

贾新光：整车物流这部分若想降低成本，一定要依靠第三方物流。表面上物流商提供服务的价格可能比厂家自己解决要贵，但从整体上来看是节约成本的。国外厂家，例如日本丰田，早在20世纪60年代做国内市场时就已意识到这一点，20世纪80年代丰田每年出口的六七百万辆车，全部是由第三方物流代理。这样一来，厂家在物流方面可以节省大量投资，通过物流公司对信息的管理，也避免了厂家在运输方面的迂回问题。物流外包将是使生产厂家和物流商双赢的举动。当然，这需要一个过程。但厂家若不尽早转变观念，中国的物流企业将很难发展。

记者：你所说的信息和软件建设，必须在一个很大的业务网络上运行才能真正发挥作用，但目前国内大多数整车物流公司好像还并不具有这种规模。

贾新光：所以目前整个行业还无法走上正轨，因为缺少有实力的公司。实际上，物流是大公司与大公司之间的生意，但目前中国整车物流市场还没有哪家企业有这样的能力，短期内谁也无法占据主导地位，所以外国公司要插手了！在国外的运输市场，也存在数以万计的小散户，多数都挂在专门做网络的物流服务商旗下，接受统一调配，双方都有利可图。中国幅员辽阔、市场巨大，未来的发展趋势也许是三分天下。但有一点可以肯定，谁能占领网络，谁将最终占领市场。整车物流企业今后的发展，仍然是寻求与大公司之间的合作。

【问题】要促进整车货物运输的发展，应该采取哪些有效手段？

公路整车货物运输：指托运人一次托运的货物在3t(含3t)以上，或虽不足3t，但其性质、体积、形状需要一辆3t以上的汽车运输。必须按整车运输的货物类型见表3-1所示。

必须按整车运输货物的类型　　　　　　　　　　表3-1

货物类型	示例
鲜活货物	如冻肉、冻鱼、鲜鱼，活的牛、羊、猪、兔、蜜蜂等
需用专车运输的货物	如石油、烧碱等危险货物，粮食、粉剂等散装货物
不能与其他货物拼装运输的危险品	如铀238
易于污染其他货物的不洁货物	如炭黑、皮毛、垃圾等
不易于计数的散装货物	如煤、焦炭、矿石、矿砂等

3.1.1 公路整车货运作业基本流程

公路整车货物运输过程指从货物受理托运开始,到交付收货人为止的生产活动。公路整车货物运输作业的流程如图3-2所示,详细作业流程如表3-2所示。

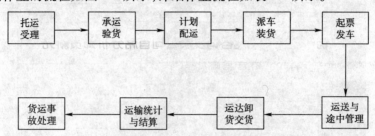

图3-2 公路整车货运作业基本流程图

公路整车货运详细作业流程表   表3-2

作业流程	操作内容	岗位人员
托运受理	填写托运单	托运人
承运验货	托运单审核员对托运单内容进行审核和认定	托运单审核员
	库管验货人员验收货物	库管验货员
计划配运	编制车辆运行作业计划和发布调度命令	调度员
派车装货	装货物	装卸员
	填写装车记录	装卸班长
起票发生	制作运单并录入电脑	开单、录单员
	计算运杂费	定价员
	填制货票与收费	收款员
	填写行车路单	调度员
运送与途中管理	货物途中运送与管理	驾驶员
运达卸货交货	卸货	装卸员
	填写交接记录	驾驶员、收货人
运输统计与结算	整理好收费票据,做好收费汇总表	出纳、会计
	结算中心开具发票,向客户收取运费	会计
货运事故处理	对货运事故进行处理	托运人和承运人

3.1.2 公路整车货运作业的各项作业内容

(1)托运受理

岗位人员:托运人。

操作内容:填写托运单。托运单示例见图3-3。

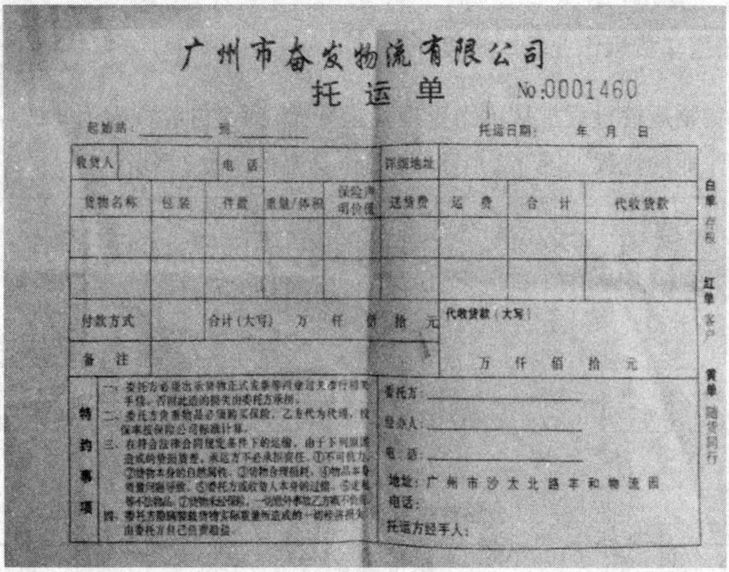

图 3-3 公路货物托运单

操作要求：

一张运单托运的货物必须是同一托运人；对拼装分卸的货物应将每一拼装或分卸情况在运单记事栏内注明。每一个卸货地点或每一个收货人只能开一张托运单。

易腐、易碎、易溢漏的液体、危险货物与普通货物，以及性质相抵触、运输条件不同的货物，不得用一张运单托运。

一张运单托运的件货，凡不是具备同品名、同规格、同包装的，以及搬家货物，应提交物品清单。交运物品清单见表3-3。

货 物 清 单　　　　　　　　　　　　　　　表3-3

装运日期：　　　　　　　起运地点：

装货人姓名：　　　　　　　　　　　　　　　运单号：_____

编号	货物名称及规格	包装形式	件数	新旧程度	体积 （长×宽×高）	质量(kg)	保险或 保价金额
1							
2							
3							

托运人：签章　　　　　　　　　　　　　　承运人：签章
　年　月　日　　　　　　　　　　　　　　　年　月　日

知识拓展

轻泡货物（指每立方米质量不足333kg的货物）按体积折算质量的货物，要准确填写货物的实际件数、质量、体积、折算标准、折算质量、包装形式及其有关数据。

托运人要求自理装卸车的,经承运人确认后,在运单内注明。

托运人委托承运人向收货人代递有关证明文件、化验报告或单据等,须在托运人记事栏内注明名称和份数。

托运人对所填写的内容及所提供的有关证明文件的真实性负责,并签字盖章;托运人或承运人改动运单时,亦须签字盖章说明。

托运人托运货物时应注意:

①普通货物中不得夹带危险、易腐、易溢漏货物和贵重物品、货币、有价证券、重要票据。

②托运超限货物,托运方应提供该货物的说明书;托运鲜活物品,托运方须向车站说明最长的允许运输期限;托运政府法令禁运、限运以及需要办理卫生检疫、公安监理等手续的货物,应随附有关证明。

③托运货物的包装应符合国家标准或专业标准;没有包装标准规定的货物,应根据货物的重量、性质、运输距离等条件,按照运输需要做好包装,保证货物安全。

④托运人还应根据货物性质和运输要求,按照国家规定,正确制作运输标志和包装储运图示标志。

⑤货物运输保险采取自愿投保原则,由托运人自行确定。汽车货物运输实行自愿保价的办法,一张运单托运的货物只能选择保价或不保价这二种中一种,办理保价运输的货物,应在运单"保险或保价"栏中填写。汽车货物运输中承运人一般按货物保价金额核收0.5%左右的保价费。

(2)承运验货

岗位人员:托运单审核员、库管验货员。

操作内容:托运单审核员对托运单内容进行审核和认定;库管验货员验收货物;现场定价员确定收费。

操作要求:

①运单审核和认定。托运单的审核主要依据托运单填写的要求进行。具体包括审核货物的详细情况(名称、件数、质量、体积与有关运输要求);检查有关运输凭证;审核货物有无特殊要求,如运输期限、押运人数、托运方协定的相关事项。

运单审核员对托运人提交的货物运单应逐项审核,填记承运人记载事项加盖承运章后,将其中一联交托运人存查。

承运有受理凭证运输的货物后,运单审核员要在证明文件的背后注明已托运货物的数量、运输日期、加盖承运章、准运证明文件可随货同行,以备查验。货物到达后,由货物交付员一并交收货人或退还托运人。

承运人对运输货物的全过程负安全责任,应适时检查、妥善保管、注意防火、防潮、防腐、防丢失。有特殊要求的货物，必须遵守商定的事项。

②验收货物。库管验货员验货主要依据托运单中填写的货物情况和运输要求进行。具体包括：中文运单上的货物与实际货物的名称、件数、质量、体积是否属实、是否处于待运状态；装运的货物数量、发运日期有无变更；货物的包装是否符合运输要求；装货场地的机械设备是否完好、道路通行条件是否良好。

(3) 计划配运与派车

岗位人员：调度员。

操作内容：调度员根据运输任务编制车辆运行作业计划和发布调度命令。

名词解释

车辆调度命令，是指在按规定进行某些行车作业时，向行车值班员、列车司机发布的一种命令。它具有严肃性、授权性和强制性。调度命令只能由值班行车调度员发布，且必须一事一令，先拟后发。

知识拓展

交送司机的调度命令必须由七个方面要素组成，分别是：调度命令号码、调度命令发布时间、受领处所、调度员姓名、调度命令内容、受令车站行车专用章和受令行车值班员签名(盖章)。

根据货物运输数量、时间要求，调度室的调度人员编制"货物分日运输计划表"，再根据"出车能力计划表"，最后编制出"车辆运行作业计划表"，下达车队执行。

值班调度员进行具体派车，填发派车单(表3-4)，交驾驶员装货。同时在托运单上做出已派车记录。

××物流公司派车单　　　　　　　　　　　　　表3-4

No：00001

车号	吨位	驾驶员	发车时间	任　务	调度员	驾驶员签名

派车时应坚持三不派，即：未经检验合格的车辆不派；装载粮食，车辆上次装运毒品、污染品，未经清洗消毒的不派；挤装挤卸的地点，未改善前不派。

表3-5是西宁市某物流公司值班调度人员发布的派车证明。

(4) 装货

岗位人员：装卸员、装卸班长。

操作内容：装货员装货物，装货班长填写装车记录。

派 车 证 明　　　　　　　　　　　　　　　表3-5

```
                      派 车 证 明
  乐都县蔬菜商贸有限公司：
      兹有载重   2  t  厢式货 车，车牌号为：  青A12345    ，车主姓名为： 王文 ，身份证号码： 63×
  ××××××××××××××× ，司机姓名及身份证号码为： 王佑强63×××××××××××××××× 。
  前往贵公司进行货物运输，运输货物为：  青椒  ，请予以接洽为盼。

                                                 西宁市忠贸物流公司
                                                  2011年11月4日
```

操作要求：

驾驶车辆到达企业或企业指定提货地点后，主动出示车辆信息及驾驶员信息，确认无误后将安排车辆停放在指定的待装区。装车司机与仓库监管人员应到现场核对实物与提货通知单内容是否一致。

货物装车作业前，装货员应对车辆进行必要的安全检查，装货员应向货主了解货物品名、性质、作业安全事项并准备好消防器材和安全防护用品。装货员作业时要轻拿轻放、大不压小、重不压轻、堆码整齐稳固、防止倒塌、严禁倒放、卧装（钢瓶等特殊容器除外）。

装车作业要求如下。

①检查车辆。检查车种车型与规定装运货物相符，查看车厢是否干净整洁、无损坏，密封的厢车应进行透光检查，确认车辆检修是否过期。

②检查货物。检查货物品名、包装、件数与运单填写是否一致，以及货物包装是否符合规定。装载货物（含国际联运换装）不得超过车辆（含集装箱）标记载重量，严禁增载。

③装车作业。应充分利用车辆吨位和容积，装载方法要牢固，装载重量要在车厢前后、左右均匀平衡，包装结实的、大的、重的货物要放在下面。当要进行分卸时，要先装远的，后装近的。注意货物的混装限制。严禁危险货物与其他货物混装。作业时要轻拿轻放、堆码整齐、标志向外、箭头向上、捆扎牢固，注意安全作业。同一票货物尽量装在车厢同一位置。

④装车后工作。装货班长要检查堆码及装载状态，核查所装货物与货物交接清单是否相符，重点核查运单号、货物名称、件数、重量、体积是否相符，查验门窗是否关闭良好，做好施封加锁及装车台账登记工作，填写"交运物品清单"（即货物交接清单），与驾驶员办理好交接手续。如有货损货差则应填写装卸货物异常台账。下班后及时清扫装卸库区。

（5）起票发车

岗位人员：开单录单员、定价员、收款员、调度员。

操作内容：开单录单员制作运单并录入电脑；定价员计算运杂费；收款员填制货票与收费；调度员填写行车路单。如图3-4所示。

操作要求：

①开单录单员制作运单并录入电脑；定价员计算运杂费；收款员填制货票与收费。

整车货物运输费计算内容见表3-6。

图 3-4　公路货物运输基本费用计算步骤

整车货物运输费计算相关内容 表 3-6

运输费用组成	运价(整车普通货物在等级公路上运输的 t·km 费用)	杂费(含调车费、延滞费、装货落空损失费、排障费、车辆处置费、装卸费、通行费与保管费等)
运费计算公式	吨次费×计费质量+整车货物运价×计费质量×计费里程+货物运输其他费用	
运价单位	元/t·km	计费质量	以 t 为单位,并精确到 1 位小数
运输计费里程	以 km 为单位,尾数不足 1km 的,进整为 1km	
货物等级分类	见附录一。普通货物实行等级计价,以一等货物为基础,二等货物加成 15%,三等货物加成 30%	
计费里程	见附录二	

【例 3-1】

某货主托运一车瓷砖,重 4538kg,承运人公布的一级普货费率为 1.2 元/t·km,吨次费为 16 元/t,该车货物运输距离为 36km,瓷砖为普货三级,计价加成 30%,途中通行收费 35 元,计算货主应支付运费多少?

解:瓷砖重 4538 kg,超过 3t 按整车办理,计费质量为 4.5t;

瓷砖为三级普货,计价加成 30%

运价 = 1.2 × (1 + 30%) = 1.56 元/t·km

运费 = 16 × 4.5 + 1.56 × 4.5 × 36 + 35 = 359.72 ≈ 360 元

同一运输区间有两条以上营运路线可供行驶时,应按最短的路线为计费里程;如因自然灾害、货物性质、道路阻塞、交通管理需要绕道行驶时,应以实际行驶里程为计费里程;拼装分卸从第一装货地点起至最后一个卸货点止的载重里程计算。

【例 3-2】

某公司欲将 7t 变性淀粉由广州运往北京。另外,这批货物的价值为 1.8 万元,该公司希望货物进行保价运输。计算货主应支付的运费是多少?

解:由于货物的质量大于 3t,故此批货物的运输属于整批运输。

步骤 1　本批货物的计费质量为 7t。

步骤 2　根据我国交通运输部核发的《中国交通营运历程图》,广州至北京的营运里程为 2172km。

步骤 3　按照规定,当前的整批货物运输指导价为 0.3/t·km。另外,根据《公路普通货物运价分等表》,定性淀粉属于三等货物,因此,其运价为 0.3 × (1 + 30%) = 0.39 元/t·km。

由此可得出本次货物的基本运费为

0.39×7×2172=5929.56≈5930元(以元为单位,四舍五入)

步骤4 对于吨次费,一般的规定为:运距26km以上为长途,运距25km以下的为短途。25km以内吨次费为3元,25km以上的,每15km递减0.2元,且递减到235km为止。运距超过235km的,不计吨次费。因此,本次运输不收取吨次费。

步骤5 本次货物由托运人自行装车,承运人负责卸车,因此,本次货物的装卸费=装卸费率×毛重×装卸次数=8(元/t)×7(t)×1(次)=56元。

步骤6 经双方商定,按运价的50%收取返程空驶调车费,且保价费率为0.3%。因此,本批货物的返程空驶调车费为5930×0.5=2965元,保价费为18000×0.003=54元。最后,可以计算出将此批货物由广州运往北京的运费为

基本运费+装卸费+返程空驶调车费+保价费=5930+56+2965+54=9005元

②调度员填写行车路单。行车路单是整车货物运输条件下车辆从事运输生产的凭证。它是企业调度机构代表企业签发给汽车驾驶员进行生产的指令。行车路单还可作为公路货运企业之间结算费用,免费服务的凭证,也是统计运输工作量的原始凭证。行车路单如表3-7所示。

行车路单管理与使用必须坚持做到以下方面:

a. 严格按顺序号使用,不许使用空白路单。

b. 每一次任务完成后,必须立即交回,不许积压、拒交。

c. 行车路单各项记录必须填准、填全,车队调度员对交回路单的各项记录要进行审核。

d. 企业建立的行车路单使用制度,保管制度要严格执行。

××物流有限公司行车路单   表3-7
(　)字No.00011

车属单位:_____ 车号:_____ 吨位:_____ 驾驶员:_____

起点	发车时间	止点	到达时间	货物名称	件数	运量(t)	行驶里程(km)
备注							
路单有效日期			年 月 日至 年 月 日				

签发单位(章):　　　　签发人:　　　　　　　　　回收人:

注:①本单一次有效。
②本联随车携带,使用后按期交回签发单位。

(6)运送与途中管理

岗位人员:驾驶员。

操作内容:驾驶员对途中货物的运送与管理。

操作要求:

出车前,驾驶员应检验车辆技术状况、货物装载情况,与装车员办理交接手续,从调度员处领取行车路单,确保无误后发车。发车后,安全驾驶车辆。做好途中行车检查,防止车门松动致使货物漏散、绳索松动致使货物丢失、油布松动产生漏水等事故。途中要注意防火、防盗。发现问题,驾驶员应立即处理,处理不了的应立即联系运输企业和托运人,协商处理方式。

知识链接3-1

现今,GPS技术的出现给车辆、船舶等交通工具的导航定位提供了具体的实时的定位功能。通过GPS接收机,驾驶员能够随时知道自己的具体位置。通过车载电台将GPS定位信息发送给调度指挥中心,中心的管理人员可及时掌握各个车辆的具体位置,并在大屏幕电子地图上直观的显示出来。有了GPS,物流运输中包括物品在运行时的路线,规定的是哪条线,实际走的是哪条线,物品放在什么地方,在运行路线中的时间,存放的时间,提货时间,以及运载设备和相关环节的责任人等信息,在内部处理中心都可以查到。假设,某货物要从北京运到上海,但是济南某处桥梁发生了问题无法通行,怎么办呢?可以通过GPS人工选择一个调度路线,例如,把该货物从北京转郑州,然后从郑州再发往上海。

GPS是Global Positioning System的缩写,为全球定位系统。GPS系统包括三大部分:空间部分——GPS卫星星座;地面控制部分——地面监控系统;用户设备部分——GPS信号接收机。如图3-5所示。

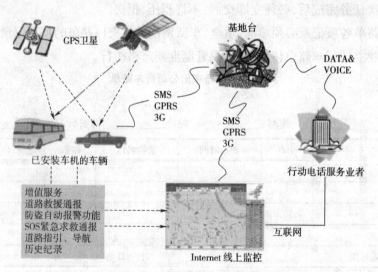

图3-5 GPS监控软件系统组成

GPS的应用范围比较广泛,凡是与定位有关的需求中,它都能发挥突出作用。

①GPS应用于导航。主要是为船舶,汽车,飞机等运动物体进行定位导航。

船舶远洋导航和进港引水。引水是指为了保证船舶的安全航行,由熟悉港内航道、江河航道并具驾驶经验的专业人员,引领(或驾驶)船舶进出港口,或在江、河、内海一定区域航行,也称"领水"或"引航"。

飞机航路引导和进场降落。民航运输通过 GPS 接收设备,使驾驶员着陆时能准确对准跑道,同时还能使飞机紧凑排列,提高机场利用率,引导飞机安全进离场。

汽车自主导航。GPS 在车辆导航方面扮演了重要的角色,车载设备通过 GPS 进行精确定位,结合电子地图以及实时的交通状况,自动匹配最优路径,实现车辆的自主导航。

②利用 GPS 技术对车辆运输货物实时监控,进行跟踪管理。利用 GPS 技术对车辆实时跟踪,掌握车辆的具体位置和有关货物运送状态的信息,有利于顾客做好接货以及后续工作的准备。

利用 GPS 和电子地图可以实时显示出车辆的实际位置,并任意放大、缩小、还原、换图;可以随目标移动,使目标始终保持在屏幕上;可以实现多窗口、多车辆、多屏幕同时跟踪,利用该功能可对监控车辆进行跟踪服务。

③利用 GPS 系统对运输车辆进行调度管理。利用 GPS 系统建立车辆与监控中心之间迅速、准确、有效的信息传递通道。中心可以随时掌握车辆状态,迅速下达调度命令,或根据需要对车辆进行远程监听和控制。中心对车辆进行调度安排,合理分布车辆,以最快的速度响应用户的货物运送请求,降低能源消耗,节省运行成本。其系统界面如图 3-6 所示。

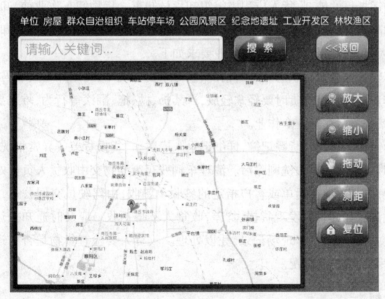

图 3-6　GPS 查询系统界面

④利用 GPS 系统进行车辆管理和信息发布。监控中心可对车辆进行集中统一的信息化管理。管理内容涵盖车辆的基本信息(如车牌号、车辆类型、颜色等)和安全记录等。系统将对车辆的相关信息进行采集、校核,后向用户提供修改、删除以及查询功能。

⑤GPS 应用于测量运输距离,便于设计货物运输线路。利用载波相位差分技术(RTK),在实时处理两个观测站的载波相位的基础上,可以达到厘米级的精度。与传统的手工测量手段相比,GPS 技术有着巨大的优势:测量精度高、操作简便、仪器体积小、便于携

带、全天候操作，观测点之间无须通视，测量结果统一在WGS84坐标下，信息自动接收、存储，减少繁琐的中间处理环节。当前，GPS技术已广泛应用于大地测量、资源勘查、地壳运动、地籍测量等领域。确定货源地与目的地的距离，可方便规划两地之间的运输线路。

⑥GPS应用于事故救援。利用GPS定位系统，可对火警、救护、警察进行应急调遣，提高紧急事件处理部门对交通事故、火灾、犯罪现场、交通堵塞等紧急事件的响应效率。特种车辆(如运钞车)等，可对突发事件进行报警、定位，将损失降到最低。救援人员可借助GPS在人迹罕至、条件恶劣的大海、山野、沙漠，对失踪人员实施有效的搜索、拯救。装有GPS装置的渔船，在发生险情时，可及时被定位，获得最快救援。

(7) 到达卸货交付

岗位人员：装卸员、驾驶员、收货人。

操作内容：装卸员卸货；驾驶员与收货员交接货物，填写交接记录；收货人收货。

操作要求：

整车货物运抵目的地，收货人应积极组织卸货员卸车。货物卸车作业前，卸货员应向驾驶员了解货物品名、性质、作业安全事项并准备好消防器材和安全防护用品。卸货员作业时驾驶员、收货人要在旁点件交接。卸车作业要求如下。

①检查车辆。检查车辆状态及施封情况，核对票据与现车、确定卸车及堆码方法。

②卸车作业。卸货员卸货时要轻拿轻放，严禁扔、抛、拖、翻滚等行为，堆码要整齐稳固、防止倒塌、严禁倒置。注意安全作业。

③卸车后工作。填记卸货登记簿，详细记录入库数量、货损货差等异常情况对受到污染的车辆，应及时通知驾驶员去洗刷除污。清理车辆残存废弃物交由收货人负责处理。

卸车完毕，收货人应在运单或客户指定的签收单签收，由驾驶员交回公司，作为与客户结算运费的凭证。如卸货时发现货损、货差，收货人不得拒收。应及时通知托运单位、运输企业相关人员共同鉴定，做好现场记录，凭以处理。收货人要检查货物是否与运单上一致，是否有损坏、污染、变质等情况。

阅读材料

宅急送员工冒领快递货物构成诈骗被判刑

赵某原系宅急送华北路运中心分检员。2010年4月14日，赵某在朝阳区来广营宅急送望京送货部内，冒领收货人徐女士的26部爱国者手机，经鉴定价值10348元。后赵某被抓获归案，赃物已发还。

朝阳法院经审理认为，赵某以非法占有为目的，采用虚构事实的方法骗取单位的财产，数额较大，已构成诈骗罪。鉴于赵某能够在庭审中自愿认罪，故对其酌予从轻处罚。

3.2 公路零担货物运输组织

引导案例

西宁某公司下属的货运站,2003年创业初期,只有货运代理、仓储理货、场站出租等物流服务项目,当时仅仅基于自己的仓储设施、场地及2台小型厢式货车向客户提供服务,货运站收入有限。2011年该货运站地处市内电子城,IT卖场面积接近2万m^2,网点300余家,企业近2000家。货运站决定开发新的物流服务功能。经过市场考察,决定开办兰州至西宁的电子产品的零担班线运输业务。站负责人将该业务的前期筹建准备工作交给了运输物流员王先生负责。该业务人员很好地完成了任务,业务开展近三年,为公司赢得了较好的经济效益。

零担货物:是指一张货物运单(一批)托运的货物质量或容积不够装一车的货物(即不够整车运输条件)。当一批货物的质量或容积不满一辆货车时,可与其他几批甚至上百批货物共用一辆货车装运时,叫零担货物运输。示例如表3-8所示。

零担货物类型示例　　　　表3-8

序号	托运人	收货人	货物及数量	起点—终点	要求
托运1	龙吉商贸公司	马毅	汽车零配件30箱(25kg/箱)	武汉—京山县	以最经济的办法,2天内送达
托运2	丰达木制品公司	牛嘉	课桌椅(半成品)23套(20kg/套)、床垫(2.00m×1.50m×0.20m)20床(25kg/床)	武汉—京山县	以最经济的办法,2天内送达
托运3	南国书市	朱光中	图书45件(20kg/件)	武汉—京山县	以最经济的办法,2天内送达
托运4	瑞光中学	满标葵	粉笔60箱(15kg/箱)、篮球、乒乓球、羽毛球5箱(10kg/箱)	武汉—京山县	以最经济的办法,2天内送达
托运5	张灵玲	欧阳甫	飞人牌家用缝纫机机头1件(16kg)、机座1件(13kg)	武汉—京山县	以最经济的办法,2天内送达
……	……		……	……	……
合计	9户		约5000kg		

零担货物品类多,批量小,质量轻,体积小,流通范围广,要求运送速度快,是一种集零为整、化整为零的运输组织形式。开展零担货物运输业务,要选择合理的零担货物运输路线,建立相应的零担货物运输站,确定运行周期,开行零担货物运输班车。

零担托运规定:为便于配装和保管,每批零担货物不得超过 300 件,每一件零担货物的体积最小不得小于 $0.02m^3$(一件质量在 10kg 以上的除外)。

公路零担运输是货主需要运送的货不足一车(通常为3t),作为零星货物交运,承运部门将不同货主的货物按同一到站凑整一车后再发运的服务形式。零担运输需要等待凑整车,因而速度慢。为了克服这一缺点,现许多物流运输企业已发展出定线路、定班期、定车辆、定时间的固定式零担车这种形式。

◀ 3.2.1 公路零担货物运输组织形式(表3-9)

零担运输的组织形式　　　　　　　　　　　　　　　　　　表 3-9

零担运输的组织形式	图示及描述
直达式零担车	在起运站将不同发货人托运到同一到站、且性质适宜配载的各种零担货物,同时装运,一站直达目的地的运输组织形式 甲地————————————乙地
中转式零担车	在起运站将不同发货人同一方向不同到站、且性质适宜配载的各种零担货物,同时装运至规定的中转站,以便另行配送,继续零担货物运输过程的运输组织形式 甲————————乙中转站〈
沿途式零担车	在起运站将各个发货人托运同一线路、不同到站、且性质适宜配装的各种零担货物,同车装运至沿途各计划作业点,卸下或装上零担货物后继续行驶,直至最后终到站的运输组织形式 1　　3　　6　　2 起始地　A　　B　　终点

◀ 3.2.2 零担货物运输过程

零担货物运输过程从货物受理托运开始,到交付收货人为止的生产活动。零担货物运输作业的流程如图 3-7 所示。

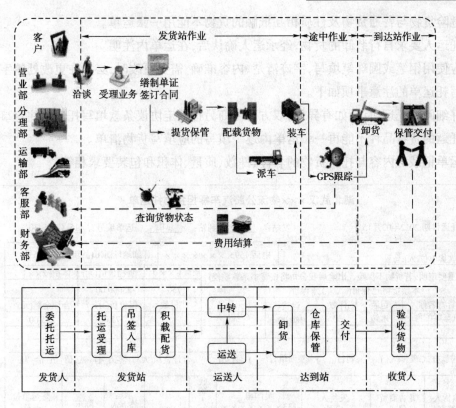

图 3-7 公路零担货运作业基本流程图

◀3.2.3 公路零担货运作业的各项作业内容

(1) 受理托运

岗位人员：托运人、运单审核制作员、验货员。

操作内容：托运人填写托运单、运单审核制作员审核制作托运单、验货员验货。

操作要求：

托运受理是零担货运业务的首要环节，是指零担货物承运人根据经营范围内的线路、站点、运距、中转车站、各车站的装卸能力、货物的性质以及运输限制等业务规则和有关规定接受托运零担货物、办理托运手续的过程。

托运人填写零担货物托运单（图 3-8）、货签（表 3-10）、交运物品清单（表 3-11）。填写要求同整车货物运输。

货主在填写托运单时，要符合以下要求。

①准确表明托运人和收货人的名称和地址、电话、邮政编码。

②准确表明货物的名称、性质、件数、质量、体积及包装方式。

③准确表明运单中的其他有关事项。

④一张托运的货物，必须是同一托运人、收货人。

⑤危险货物与普通货物及性质相互抵触的货物不能用一张运单。

⑥托运人要求自行装卸的货物,经承运人确认后,在运单内注明。

⑦应使用钢笔或圆珠笔填写,字迹清楚、内容准确、需要更改时,必须在更改处签字。

填写托运单的注意事项如下。

①仔细阅读托运协议,如有异议,双方可协商另行约定协议条款填写托运单注意事项。

②托运的货物品种不能再一张运单内逐一填写的应填写货物清单。

③运单记载的内容与托运货物的名称、件数、质量、体积和包装要求相符。

湖北武汉×××物流公路汽车零担货物托运单

托运日期:2012年03月15日		发站 武汉		到站 京山		运单编号:15-G065-30		
收货单位(人):马毅			电话:159××××××××			详细地址:京山县新化西路16号		
重要声明:(若货物不保险,出险后我公司将按背书条款赔偿) 本票货物:已保价(✓)、未保价( )				质量(××) 750	货物价值(元) 25000.00		体积(×××)	
货物名称	包装	件数	运费		代付款	保价费(××)		合计金额(元)
汽车零配件	木箱	30	180.00			75.00		255.00
付款方式:现付(✓) 到付( ) 签回单付( ) 月结( ) 合计金额(大写):零万 仟 贰 佰 伍 拾 伍 元								
收货人签字	龙吉商贸公司	发货人电话	吴国勇 133××××××××	收货人签字		承运经办人	陈东	陈运单位盖章:
重要提示:请发货人及收货人认真阅读本托运单背面托运协议条款,特别是免除或限制承运人责任条款,如有异议,请要求承运人说明。您在本协议上签字或盖章,即表示您理解并同意本协议所记载的全部内容。								
本公司地址:广西南宁市××路××号 业务电话:0771-33075×× 传真:33493×× 提货:332297××								
注:托运单一式四联:第一联:承运人存根:第二联:托运人:第三联:财务统计:第四联:随货同行								

图 3-8 填写完成的零担货物托运单

零担货物标签　　　　　　　　　　　　　　　　　表 3-10

××物流公司行李、包裹、零担货物标签

车次	
发站	
到站	
收货人	
运单号	
品名	
总件数	
日期	20 年 月 日

联系电话:××××

公司网址:××××

货 物 清 单　　　　　　　　　　　　　　　　　　　　　表3-11

公路运输物品清单							
起运地点：		卸货地点：		运单号码：			
编号	货物名称及规格	包装形式	件数	新旧程度	体积	质量/kg	保险、保价、价格

运单审核制作员审核制作托运单，作业内容如下：

①检查运单货物填记。对托运人提出的货物运单逐项检查、填记是否齐全、更改处是否盖章，检查有无托运人签章。

②检查到站。检查到站站名填写是否正确；检查是否符合到站营业办理限制，有无停止受理命令；检查到站所属省、市、自治区与收货人地址是否相符；检查是否符合卸车站起重能力。

③确认品名。检查货物品名填写是否明确具体，有无一批办理限制及政令限制；检查物品清单的内容是否详细具体；检查货物品名是否属于危险货物。

④审查凭证。检查凭证运输的证明文件是否符合规定；检查证明文件是否在货物运单内注明。

⑤检查其他内容。检查货物件数、包装质量；检查托运人、收货人的名称、地址、邮政编码和电话号码是否详细、具体、清晰；检查货物外形尺寸填记是否符合零担办理条件；加盖受理日期戳，对个人物品随到随批。

上述检查无误，完成运单所有内容填写，并录入电脑。

验货员验货，作业内容如下：

a. 复查货物运单。检查"受理"章有无漏盖和指定进站日期和库区等有关戳记；将货物运单的记载内容与进站计划表核对。

b. 检查货物。按照货物运单记载的货物名称、件数与现货核对，并按规定开包检查，普通零担货物中不得夹带危险、禁运、限运和贵重物品；个人物品包装、编号、名称与清单核对；检查有无危险货物，是否符合按一批托运的规定；检查是否符合运输包装规定；检查按包装试运办理的货物是否符合试运协议的包装要求；检查笨重货件上是否标明货物质量、起吊位置，重心点和体积（长×宽×高）。

c. 检查货签标记。检查货签标记的填记是否与货物运单相符，拴挂、粘贴是否牢固齐全；检查与货物性质无关的旧标签、旧标记、旧标志是否撤除。

（2）吊签入库与收费

岗位人员：司磅员、吊签入库组人员、定价员。

操作内容：司磅员验货过磅，填写货物标签；吊签入库人员安排货物搬运入库；定价员确定货物运价；收款（兼开发票）员填写零担货物运输货票，收取运杂费。

操作要求：

司磅员过磅量方，填写货物标签，具体作业内容如下。

①确定货物质量。按规定检查衡器，对货物进行过磅量方，过磅量方后的质量、体积填记在运单适当栏内，加盖经办人的图章。货物质量分实际质量、计费质量和标定质量。

②对托运人确定质量的货物，发现不符按规定纠正处理。

③按一批办理、分项填记的货物应分项过磅量方。

④按运单号给每一项货物填写货物标签、标志。

吊签入库人员扣、贴标签，具体作业要求如下。

a. 扣、贴标签、标记。各种标签、标记的拴挂、粘贴符合要求，无错漏。零担货物货签应使用坚韧的材质制作，货签内容、规格必须符合统一的格式。每件货物使用2枚货签，分别粘贴、钉固于包装的两端。不宜粘贴或钉固时可使用拴挂方法。

为确保货物运输安全，针对货物性质的不同，货件应有不同要求的图式标志，标志图形必须符合《包装储运图示标志》(GB/T 191—2008)的规定，示例如表3-12所示。危险零担货物还须使用危险货物包装标志。

货 物 标 签　　　　　　　　　　　　　　　　表3-12

××物流公司	年　月　日
发货公司	到货地点
货号—件数：	
票号	

 知识拓展

> 货物标签是标明货物性质，更是理货、装卸、搬运和交付货物的重要识别凭证。

b. 组织货物入库。首先，将接收后的货物按到站或中转范围送入指定货位，堆码时要标签向外，箭头向上，同一票货物要在同一库位；其次，检查验收后的货物是否全部进入货位；然后，在货物运单上填写货位号、验收日期并签章；最后，签证装卸工作单。

零担货物仓库应严格划分货位，一般可为待运货位、急运货位、中转货位、到达待交货位。各个货位应标明发运方向或到达方向，以方便装货和客户提货。零担货物仓库要有良好的通风、防潮、防火和灯光设备，注意保持仓库整洁。露天堆放货物要有安全防护措施，要下垫上盖。注意把好仓库保管关，有效地杜绝货损货差。

定价员确定运价，收款（兼开发票）员填写零担货物运输货票、收取运杂费，并将货票连同整理后的有关票据交付托运人。运费计算流程如图3-9所示。

公路零担货物运费计算的相关知识点见表3-13。

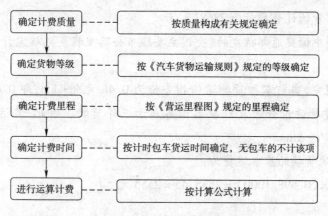

图 3-9　公路货物运输费用计算流程图

公路零担货物运费计算的相关知识点　　　　　　　　　表 3-13

运输费用组成	运价(零担普通货物在等级公路上运输的每 kg·km 的费用)	杂费(含包装费、标签费、保管费、装卸费、中转包干费、保价费、快件费等,按《汽车运价规则》办理)
运费计算公式	计费质量×计费里程×零担货物运价+货物运输其他费用	
运价单位	元(kg·km)	
计费单位	kg	
重量确定	计费质量为 1kg。质量在 1kg 以上,尾数不足 1kg 的,四舍五入。轻泡货物以货物包装最长、最宽、最高部位尺寸计算体积,按每 m³ 折合 333kg 计算质量	
运输计费里程	以 km 为单位,不足 1km 的,四舍五入	
货物详细分类	见附录一。普通货物实行等级计价,以一等货物为基础,二等货物加成 15%,三等货物加成 30%	
计费里程	见附录二。货物运输计费里程以 km 为单位,尾数不足 1km 的,进整为 1km	

同一运输区间有两条以上营运路线可供行驶时,应按最短的路线为计费里程;如因自然灾害、货物性质、道路阻塞、交通管理需要绕道行驶时,应以实际行驶里程为计费里程;拼装分卸从第一装货地点起至最后一个卸货点止的载重里程计算。

【例 3-3】

某欲将一批仪器设备由北京发往上海,这批设备的总质量为 2867.8kg。另外,这批货物的货值为 2.5 万元,该公司希望为货物进行保价运输。

【解题思路】

由于货物的质量小于 3t,故此批货物的运输属于零担运输。零担运输的运费(元) = 计费质量(kg)×计费里程(km)×零担货物运价(元/kg·km) + 货物运输其他费用(元),因此,计算运费的关键是确定计费质量、计费里程、零担货物运价和其他费用。

步骤一:确定货物计费质量为2868kg。

步骤二:经查中国交通部核发的《全国主要城市公路里程表》,确定计费里程从北京至上海为1490km。

步骤三:按规定,当前零担货物运输指导价为0.46元/t·km,即0.00046元/kg·km。经查《公路普通货物运价分等表》,机器设备属于三等货物。因此,其运价为0.46×(1+30%)=0.598元/t·km。

由此得出本次货物的基本运费为:

2868×1490×(0.598/1000)=2555.45≈2555元

【提示】

运输指导价会受各方面影响随时调整,应以发货时的知道价格为准。

步骤四:经双方商定,按运价的50%收取返程空驶调车费,且保价率为0.3%。因此,本批货物的返程空驶调车费为2555×0.5=1278元,保价费为25000×0.003=75元。

最后,此批货物从北京至上海的运费为:基本运费+返程空驶调车费+保价费=2555+1278+75=3908元。

【例3-4】

朝阳物流公司欲将一批仪器设备由北京发往西宁,设备的总质量为1852.6kg,价值为3.2万元,该公司希望这批货物进行保价运输。

【解题思路】

由于货物的质量小于3t,故此批货物的运输属于零担运输。

步骤一:本批货物的质量为1852.6kg,按照零担运输计费质量的规定,本批货物的计费重量为1853kg。

步骤二:根据中国交通部核发的《中国交通营运历程图》,北京至西宁的营运里程为1697km。

步骤三:按照规定,当前的零担运输指导价为0.46/t·km,相当于0.00046/kg·km。根据《公路普通货物运价分等表》,机器设备属于三等货物,因此,其运价为0.46×(1+30%)=0.598元/t·km。

由此可得出本次货物的基本运费为(以元为单位,四舍五入)

1853×1697×(0.598/1000)=1880.43≈1880元

值得注意的是随着油价的不同,或者其他环境的变化,运输指导价会随时调整。因此,应以发货时的指导价为准。

步骤四:经双方商定,按运价的50%收取返程空驶调车费,且保价费率为0.3%。因此,本批货物的返程空驶调车费为1880×0.5=940元,保价费为32000×0.003=96元。

最后,可以计算出将此批货物由北京运往西宁的运费为

基本运费+返程空驶调车费+保价费=1880+940+96=2916元

(3) 积载配货

岗位人员：调度员、配货员、装车员。

操作内容：调度员安排运输车辆；配货员配货；装车员检查车辆、装货上车、填写交运物品清单。

①货物配载。配载是指对某一时段运送的货物，依据其性质、数量（体积）、流向、直达或中转等，按照一定的原则来安排适合吨位或容积的车辆装载的业务活动。

在明确了客户的配送顺序后，接着就是车辆积载的问题，为了提高配送效率、降低配送成本和减少货损货差，车辆积载应遵循如表3-14所示原则。

车辆积载原则　　　　　　　　　　　　　　　　　　　　　　　　表3-14

装车的顺序为先送后装	轻重搭配为重不压轻	大小搭配为大不压小
货物性质搭配（三一致原则）	到达同一地点的适合配载的货物应尽可能一次积载	确定合理的堆码层次与方法
积载时不允许超过车辆所允许的最大载重	积载时车厢内货物质量应分布均匀	应防止车厢内货物之间碰撞、相互玷污

 知识拓展

车辆运输生产率是指吨位利用率=（实际完成周转量/载运行程载质量）×100%

配送车辆亏载的原因如表3-15所示。

配送车辆亏载原因　　　　　　　　　　　　　　　　　　　　　　表3-15

序　号	原　　因
1	货物特性（如轻泡货，由于车厢容积的限制而无法装足吨位）
2	货物包装情况（如车厢尺寸与货物包装容器的尺寸不成整倍数关系）
3	不能拼装运输（应尽量选派核定吨位与所配送的货物数量接近的车辆进行运输，或按有关规定减载运行）
4	装载技术的原因，造成不能装足吨

与上表不同，提高运输车辆吨位利用率的办法见表3-16。

提高运输车辆吨位利用率具体办法　　　　　　　　　　　　　　表3-16

序　号	具体方法
1	研究各类车厢的装载标准，不同货物和不同包装体积的合理装载顺序，努力提高装载技术和操作水平，力求装足车辆核定吨位
2	根据客户所需的货物品种和数量，调派适宜的车型承运，配送中心保持合适的车型结构
3	可以拼装运输的，尽可能拼装运输，但要防止差错

②车辆配载的计算方法有以下两种。

方法一：如运送两种货物 A 和 B，其单位体积分别是 AV 和 BV，单位质量分别是 AW 和

BW,货车的载重是 W,最大容积是 V。计算最佳配装方案。假设货车容积的利用率是90%。

设装入 A 和 B 的件数分别为 XA 和 XB,则可建立下列等式。

$$XA \cdot AV + XB \cdot BV = 90\% V$$
$$XA \cdot AW + XB \cdot BW = W$$

解方程组即可得出货物 A 和货物 B 的配装数量。

方法二:对于两种散装货物,若已知货车的载重 W 和车厢容积 V,以及两种货物的容重比(即容积与质量的比值)R_a、R_b,也可用上述方法计算两种货物的配装质量。设两种货物的配装质量为 W_a、W_b,则根据公式可得

$$W_a = V - W \times R_b/(R_a - R_b)$$
$$W_b = V - W \times R_a/(R_b - R_a)$$

通过以上计算可以得出两种货物的搭配,使车辆的载重能力和车厢容积都得到充分的利用。

【例3-5】

某专线现装一台150m³、限载30t的货车,有如下三种货物可装运。

甲(轻货150元/m³):150m³/16t

乙(重货75元/t):15m³/45t

丙(重抛175元/t):50m³/15t

专线多以价格来调整轻重货比例。

表3-17说明了配载的重要性和专线不喜欢收重抛货的原因。

配载方案对比 表3-17

货类	方案一	方案二	方案三
甲	150m³/16t		145m³/15.5t
乙		10m³/30t	5m³/15t
总收入	22500	22500	33000 约多47%

(4)派车装货

装车员检车辆、装货上车,具体作业内容如下。

①装车前工作:a. 合理配载,填写货物清单;b. 整理各种随货同行单证,比如提货联、随货联;c. 按单核对货物堆放位置,做好装车标记。

②装车的原则:a. 按清单顺序和要求装车;b. 贵重物品放在防压、防撞的位置,保证运输安全;c. 装车完毕,检查货物,避免漏装和错装;d. 清点单证,签章确认;e. 检查车辆。

③装车后工作:a. 检查作业范围内有无遗漏货物;b. 整理各种随货同行的单据,包括提货联、随货联、托运单、零担货票及其他随送单据;c. 按规定施封或检查篷布苫盖情况、货车的门窗关闭情况;d. 检查是否还有未完成的其他作业;e. 在交运货物品清单、装卸工作单上签字;f. 填写装运车异常台账。

【练习】

现有一车配好的货物需要装车,货物详细信息如下:

①某大型展览会托运的油画作品一件,带木制包装,规格为 320cm×35cm×200cm,质量为 150kg;

②花露水 25 箱,带托盘,托盘规格为 120cm×100cm,质量 200kg;

③油漆 50 桶,规格为 $\phi 30cm \times h50cm$,质量 2000kg;

④蔬菜大棚用塑料薄膜 20 卷,无包装,总质量 2500kg,$\phi 30cm \times h250cm$。

车型为 7.2m 厢车。

请学生根据货物情况说明装车的顺序和位置。

(5)货物在途运送

零担运输车辆行驶路线是车辆由起点出发,在货运任务规定的各点依次进行装(卸),并且每次的装(卸)量都小于一车,车辆完成各货运点运输任务以后,最终回到原出发点。因此,一般情况下汇集式路线为封闭路线。车辆可能沿一条环形路线运行,也可能在一条直线上往返运行。

在整个运输过程中,为确保运输质量,以适宜的最小运输环节,最佳运输路线,最低运输费用使货物到达目的地,就是运输线路的选择优化。

 知识拓展

运输线路优化、配送路线优化和车辆路径优化的区别在以下几点:
- 运输路线优化更侧重于根据运输途径,路线的设计尽可能直线、不重复、距离短。
- 配送路线优化更侧重于根据配送点的分布,路线尽可能包囊所有的配送点。
- 车辆路径优化更侧重于根据车辆的运行,路线尽可能配合车辆,让车辆数量为最少,即一辆车能尽可能地行驶在各条路线上。

①最短路径法。

【例 3-6】

从图 3-10 中找出 V_1 与 V_8 之间的最短路线。

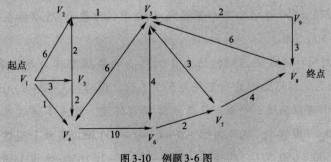

图 3-10 例题 3-6 图

答案：V_1-V_3-V_2-V_5-V_8，最短路线等于12。

【例3-7】

要把A市的一批货物运送到B市，根据两个城市之间可选择的行车路线地图，绘制了如图3-11所示的公路网络。要求寻找一条线路最短的运输路线。

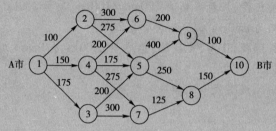

图3-11 例题3-7图

图中①为结点，代表起点、目的地和与行车路线相交的其他城市，其中的数字为结点编号。箭头为分支，代表两个结点之间的公路，箭头上标明的数字为运输里程。

解：从终点开始逐步逆向推算。

与终点10连接的结点有两个，即结点9和8；从结点9到结点10只有一条线路，该线路为最短线路，长度100单位，记为：(9－10)100；同样，结点8到结点10的最短线路为150单位，记为(8－10)150单位。

结点6。与6连接的只有一个结点9,6至9的最短里程为200单位。而9至终点10的最短里程为100单位。因此6至终点10的最短里程为200＋100＝300单位。记为：(6－9－10)300。

结点5。与5连接的结点有9、8两个。5至9再至终点的最短里程为400＋100＝500单位,5至8再至终点的最短里程为250＋155＝400单位。400＜500，所以5至终点的最短里程为400单位，记为：(5－8－10)400。

结点7。至终点的最短里程为125＋150＝275，记为：(7－8－10) 275。

结点4。与4连接的结点有5、6、7三个。结点4至6再到终点的最短里程为200＋300＝500单位；结点4至5再到终点的最短里程为175＋400＝575单位；结点4至7再到终点的最短里程为275＋275＝550单位。三个里程中以50单位为最小，所以结点4至10的最短里程记为(4－6－9－10) 500。

结点2和3。用同样的方法，得到：结点2到终点的最短里程为600单位。记为：(2－6－9－10)600。结点3到终点的最短里程为575单位。记为：(3－7－8－10)575。

结点1。结点1可以通过三个结点2、3、4连接到终点。结点1通过结点2再到终点的最短里程100＋600＝700单位，路径为(1－2－6－9－10)700；结点1通过结点4再到终点的最短里程150＋500＝650单位，路径为(1－4－6－9－10)650；结点1通过结点3再到终点的最短里程 175 + 575 = 750 单位,路径为(1 - 3 - 7 - 8 - 10)750。

以上三个里程中以 650 单位为最小,即 A 市到 B 市的最短里程,对应的最短路线为:1 - 4 - 6 - 9 - 10,如图 3-12 所示。

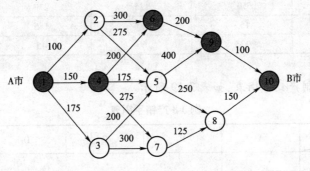

图 3-12　例题 3-7 运用最短路线计算结果图

②图表分析法。图表分析法简单易行,不必计算运输里程,适用于产销地区域较小、产销点少、产销关系比较简单的情况。图表分析法的计算步骤:编制产销平衡表、绘制交通示意图、制定商品运输方案及填入商品平衡表。

> **知识拓展**
>
> 交通图是反映发点(产地)与收地(销地)及交通线路及其距离组成的图形。其中,发点用"○"表示,发出货物的数量记在"○"之内(单位:t);收地(销地)用"□"表示,收取货物的数量记在"□"之内(单位:t);两点之间的线路长度记在交通线路的旁边。用法如图 3-13 所示。
>
>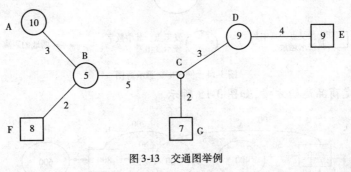
>
> 图 3-13　交通图举例

【例 3-8】

有一种商品从 A 地运出 400 单位,从 B 地运出 700 单位,从 C 地运出 300 单位,从 D 地运出 600 单位,供给 a、b、c 三地分别为 700、800、500 单位,各地间的里程(km)如表 3-18 所示,采用图表分析法进行运输路线的优化。

例3-8 各地间的里程(单位:km)　　　　　　　　　　表3-18

销地＼产地	A	B	C	D
a	50	125	230	300
b	155	80	185	95
c	135	60	45	280

解:第一步:编制产销平衡表,如表3-19所示。

例3-8 产销平衡表　　　　　　　　　　表3-19

运出＼运入	A	B	C	D	调入量
a					700
b					800
c					500
调出量	400	700	300	600	2000

第二步:绘制交通示意图,如图3-14所示。

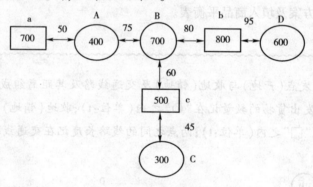

图3-14　例3-8 交通示意图

第三步:制定商品运输方案,如图3-15所示。

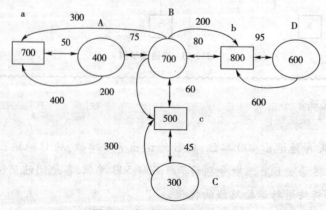

图3-15　例3-8 商品运输方案图

第四步：填入商品平衡表，如表3-20所示。

例3-8 商品平衡表　　　　　　　　　　　　　　　　　　　　　　　　　表3-20

运出＼运入	A	B	C	D	调入量
a	400	300			700
b		200		600	800
c		200	300		500
调出量	400	700	300	600	2000

③图上作业法，适用于交通路线为线状、圈状，对产销地点的数量没有严格限制的情况。根据交通图的点和线的关系，把各种路线归纳为道路不成圈（无圈）和道路成圈两类。

道路不成圈，就是没有回路的"树"形路线，包括直线、丁字线、交叉线、分支线等；无圈的流向图只要消灭对流，就是最优流向图。

道路成圈，就是形成闭合回路的"环"状路线，包括一个圈和多个圈，成圈的流向图要达到既没有对流，又没有迂回的要求才是最优流向图。

图上作业法的计算步骤：编制商品产销平衡表、绘制交通路线示意图、按交通路线示意图进行图上作业、将结果填入平衡表。

【例3-9】

调运路线呈线状。设乙商品产地A、B、C、D，产量分别为700、400、900、500单位；销地a、b、c、d、e，需求分别为300、700、500、600、400单位，用图上作业法进行运输路线的优化。

解：第一步：编制商品产销平衡表，见表3-21。

例3-9 商品产销平衡表　　　　　　　　　　　　　　　　　　　　　　　　表3-21

产地＼销地	a	b	c	d	e	产量
A						700
B						400
C						900
D						500
销量	300	700	500	600	400	2500

第二步：绘制交通路线示意图，如图3-16所示。

第三步：按交通路线示意图进行图上作业。

在不成圈的线路上，按就近供应的原则，首先从各端开始就近调运如图3-17所示。口诀是"抓各端，各端供需归邻站"，即：先满足端点的要求，逐步向中间逼近，直至收点与发点得到全部满足为止。

根据上述调动结果调整，如图3-18所示。

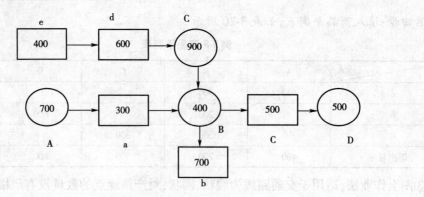

图3-16 例3-9交通路线示意图

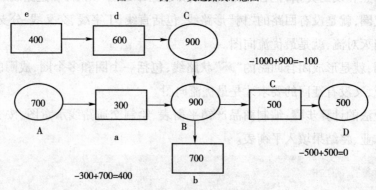

图3-17 例3-9图上作业图

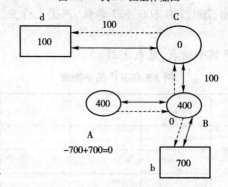

图3-18 例3-9图上作业结果调整图

第四步:将结果填入平衡表,见表3-22。

例3-9 商品产销平衡表　　　　　　　　　　　　　　　　　　　　　　表3-22

	a	b	c	d	e	产量
A	300	400				700
B		300		100		400
C			500		400	900
D			500			500
销量	300	700	500	600	400	2500

【例3-10】

调运路线呈圈状,设有丙商品发运点A、B、C、D等四处,接受点a、b、c、d位于圈状线上,其距离及供需量如表3-23所示,试求最优的运输路线。

例3-10 各地距离及供需量表 表3-23

	a	b	c	d	供应量
A	65			80	800
B	180	220			1500
C		90	75		1700
D			60	70	1000
需求量	1300	1000	1600	1100	5000

解:第一步:首先假定里程最长的一段没有货物流通过,使圈状线路变成非圈状线路,其中B-b应甩去,如图3-19所示。

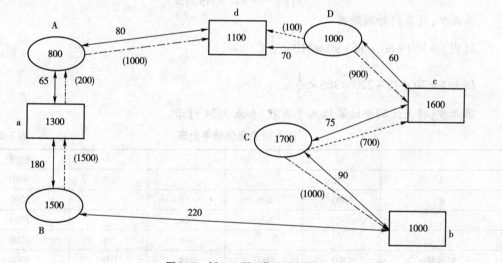

图3-19 例3-10图上作业示意图

第二步:进行合理运输,即从B运1500到a,再从a运200到A,A运1000到d另一方面,从D运100到d,此外,从D运900到c,C运700到c,同时运1000到b地,凡调运方向为顺时针的调运量画在圈内,逆时针的画在圈外。

第三步:根据图3-19中虚实线指示,将内外圈货流里程汇总,检查是否超过全圈长的一半。

$$\frac{1}{2}L = (220+180+65+80+70+60+75+90)/2 = 420 \text{km}$$

$$L(内) = 180+65+80+60+90 = 475 > \frac{1}{2}L$$

$$L(外) = 75+70 = 145 < \frac{1}{2}L$$

$L(内)$大于全圈长的一半,不是最优方案,应重新甩断破圈,寻找最优方案。

第四步:内圈长超过半圈长,而内圈长运量最小区段为 a-A,因此,重新甩断破圈时,应甩 a-A,补上原来无货流通过的 B-b 区段,重新作出流向图,如图3-20所示。

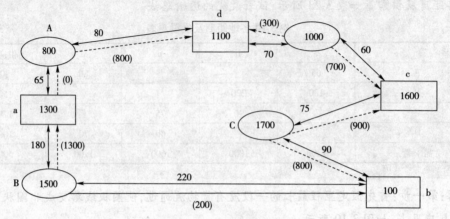

图3-20 例3-10 流向更新图

第五步:计算内外圈距离

$L(内) = 180 + 80 + 60 + 90 = 410 < \frac{1}{2}L$

$L(外) = 70 + 75 + 220 = 365 < \frac{1}{2}L$

第六步:将上述调整结果填入平衡表,如表3-24所示。

例3-10 商品供销平衡表　　　　　　　　　　　　　　表3-24

	a	b	c	d	供应量
A				800	800
B	1300	200			1500
C		800	900		1700
D			700	300	1000
需求量	1300	1000	1600	1100	5000

【练习】

利用图上作业法求最优调运方案,题图如图3-21和图3-22所示。

(1)

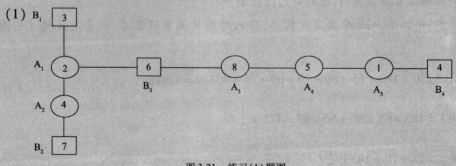

图3-21 练习(1)题图

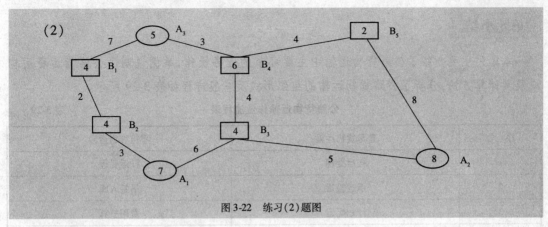

图 3-22　练习(2)题图

(6) 运达卸货

岗位人员：驾驶员、卸货员。

操作内容：驾驶员与到达站货物管理员交接货物；卸货员卸货。

操作要求：

车辆到达时，驾驶员与到达站货物管理员一起清点货物并在零担货物交接清单上签收。到达站组织卸货员卸货，具体作业内容如表 3-25 ~ 表 3-28 所示。

到达站货物管理员接车内容　　　　　　　　　　　　　　　　　表 3-25

向货运调度室报告货区情况和货车到达情况	检查到达票据和装载清单记载项目	制订卸车计划，安排卸车货位
上岗接车，检查货物安全距离，车辆最好对准库门、货位		确认并抄录车种、车号

到达站货物管理员卸前工作内容　　　　　　　　　　　　　　　表 3-26

检查票据记载的车号与现车是否一致	检查车体门窗、施封、装载及篷布苫盖状态是否良好
清扫货位	对重点货物提出安全和注意事项

卸货员卸车工作内容　　　　　　　　　　　　　　　　　　　　表 3-27

根据交运物品清单、逐批检查清点核对、在交运物品清单上注明货位号码、卸下货物堆码要符合标准、货位使用合理、及时修补包装	通知货物交付人员共同检查货物情况
清点整理散包破件货物，必要时对其进行检斤处理	对附有记录的货物，核对记录内容与货物现状是否相符

卸货员卸后工作内容　　　　　　　　　　　　　　　　　　　　表 3-28

清扫车厢，车内应无残留货物	关闭货车门窗、两端侧板	检查附属作业是否完成
检查货物是否送入指定货位	与驾驶员或随车理货员办理交接手续，在交运物品清单上签收。对于有问题的货物（如短少、损坏、有货无票等），应在交运物品清单上签注并作出商务事故记录	在装卸工作单上填写卸货记录，并签字

单元小结

本单元主要介绍了公路货物运输中主要环节的业务操作,举例说明了公路货运费用构成及其计算方法,分析了公路货物运输的组织形式及一般流程如表3-29所示。

公路货物运输作业流程表　　　　　表3-29

序 号	整车货物运输	零担货物运输
1	托运受理	托运受理
2	承运验货	吊签入库
3	计划配运	费用核算
4	派车装货	积载装货
5	起票发车	派车装货
6	运送与途中管理	运输线路优化
7	到达卸货交付	到达交付

思考与练习

(1)单选题

①下列(　　)是杂费。

A.运输价格　　　B.装卸费　　　C.运输量　　　D.运费

②一次托运时,下列属于零担货物运输的是(　　)。

A.重量不足2t　　　　　　　　B.重量不足3t

C.重量不足4t　　　　　　　　D.重量不足5t

③下列(　　)不是鲜活易腐货物。

A.瓜果　　　　　　　　　　　B.新鲜罐头

C.牲畜　　　　　　　　　　　D.花木秧苗

④货物每m^3体积重量不足(　　)kg的,为轻泡货物。

A.500　　　B.400　　　C.333　　　D.555

(2)多选题

①公路汽车货运作业基本程序包括货物托运(　　)。

A.派车装货　　　　　　　　　B.运送与交货

C.在途追踪　　　　　　　　　D.结算

②装货时注意查看货物的包装,发现有(　　)等现象的货物,不能装车。

A.潮湿　　　B.发热　　　C.干燥　　　D.无包装

③货物搬运装卸作业应当做到(　　),防止混杂、撒漏、破损。

A. 轻装轻卸　　　　　　　　B. 堆码整齐
C. 清点数量　　　　　　　　D. 拼装、分卸

④货物流程图的主要功能有(　　)。

A. 清晰地表明各类物资所需要运输的情况
B. 开拓新兴物流市场
C. 表明合理的流向,避免不合理运输
D. 根据货流特点组织车辆,促使车辆合理配置调度
E. 检查车辆运行作业计划,提高运输效率

(3) 分析题

以下运输方式是否合理?

①辛雨从重庆运送200t土产杂品到上海,他采用铁路运输方式。
②王新要从南昌运50头生猪到南京,他选择公路运输,走南昌—鹰潭—杭州—南京线。
③从浙江长兴运到上海的建筑材料都采用内河航运走长—湖—申航线。
④陕西固原某企业从山西大同采购了一批煤炭。
⑤求图3-23中的最优调运方案。

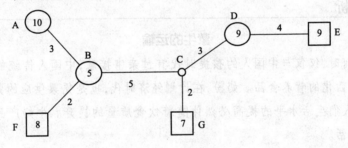

图3-23　练习题图

(4) 计算题

某货主托运一批瓷砖,重4538kg,承运人公布的一级普货费率为1.2元/t·km,吨次费为16元/t,该批货物的运输距离为36km,瓷砖为普货三级,计价加成为30%,途中通行收费35元,计算货主应支付多少运费?

【思考与练习部分答案】

(1) 单选题
①B　②B　③B　④C

(2) 多选题
①ABCD　②AB　③ABC　④ACDE

(3) 分析题
①运力选择不当。土杂品价值不高,应采用更低廉的长江水运。
②迂回运输不合理。应该从南昌—九江—芜湖—南京。

③合理。

④对流运输。

⑤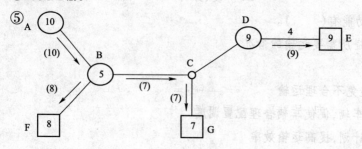

(4) 计算题

计算过程：①瓷砖重 4538kg，超过 3t 按整车办理，计费质量为 4.5t。

②瓷砖为 3 级普货，计价加成为 30%。

$$运价 = 1.2 \times (1 + 30\%) = 1.56 \text{ 元/吨公里}$$

③运费 $= 16 \times 4.5 + 1.56 \times 4.5 \times 36 + 35 = 359.72 = 360$ 元。

案例分析

蒙牛的运输

牛奶，曾几何时，仅仅与中国人的孩提时代有过亲密接触，中国人传统的饮食结构中并不包括这一有些西化的营养食品。奶粉，在计划经济时代，也是凭票供应的紧销商品。之后市场经济来临，人们生活水平的提高必然伴随着饮食质量的提升。牛奶产品渐渐走入了寻常百姓的日常生活。

众所周知，物流运输是乳品企业的重大挑战之一，在运输过程中要注意控制温度和堆码层数，并尽量缩短运输距离和时间。防止温度上升导致牛奶变质，此外要保证牛奶不被压破。牛奶出现损坏、变质等问题，很多是由于牛奶在运输环节中保存不当所致。

乳品保存有期限，还要注意保鲜和食品安全。再加上如此多的工厂、如此高的产量、如此大的市场，一系列的问题只有一个解决方法，就是产品要顺畅、快速、安全地运到销售终端。

1. 蒙牛物流运输

当蒙牛的企业神话还在为人们所津津乐道的时候，它的触角已经伸向全国各个角落，其产品远销到香港、澳门，甚至还出口东南亚。目前，蒙牛的生产规模不断扩大，开发的产品有液态奶、冰激凌、奶粉等系列，共计100多个品种。郭满仓就是蒙牛乳业集团常温液态奶物流运输部的部长。

据郭部长介绍，目前，蒙牛集团总部设在乳都核心区呼和浩特和林格尔，总部由6个生产厂组成，日产能4000t左右。蒙牛集团在全国各地有21个事业部，分别在内蒙古的包头、巴盟、通辽、乌兰浩特，河北的唐山、滦南、察北、保定、塞北，山西的太原、山阴、雁门，河南的焦作、山东的泰安、湖北的武汉、安徽的马鞍山、东北的沈阳、尚志、大庆、陕西的宝鸡以及北京的通州。

面对如此巨大的生产量,合理的运输配送成为蒙牛物流的成功关键。蒙牛的物流运输体现出的特色就可以概括为"顺"、"快"、"准"三个字。

2."顺":因地制宜,借势而起

蒙牛运输的"顺"体现在集团的本部及21个事业部,虽然在布局上看似集中,但是却按照不同的地区特点分担了发送方向,足以覆盖全国市场。比如,和林总部主要供货华东、西南及周边地区;巴盟事业部主要供货西南、西北及周边地区;华北的几个事业部、加工地在满足东北、蒙东地区的同时,优先发展华南地区;而唐山、滦南的事业部则依托渤海湾的海运优势满足周边地区及华南地区;此外,常温物流系统还设杭州、广州、厦门、南昌、南京、成都、长沙、昆明、贵州、重庆、湖北11个分仓库,用来满足周边地区的客户小批量要货的及时供给。"我们基本上是按照当地的地理位置和实际特点来安排发运方向的,比如,唐山毗邻天津,沈阳周边有大连,这两个城市都有很大的港口。天津港—广州的路线是中海集装箱运输公司的精品船线,那我们就因地制宜地利用这些当地适合海运的优势。"

据介绍,目前,蒙牛的运输方式主要以公路运输和铁路运输为主,海运为辅,其中公路运输占到60%,铁路运输占到30%,海运只有10%。

而蒙牛的铁路运输是以班列运输为主,以整车运输为辅。班列运输主要是通过上海班列辐射大部分华东地区,成都班列辐射西南地区,华中地区主要通过整车发运。对于班列运输的好处,郭部长感触颇深,他说,班列运输是我国目前最先进的铁路运输方式,也是牛奶等保鲜食品等最理想的运输方式。铁路自2003年起从内蒙古自治区开行牛奶集装箱班列,截止到2008年底,共计开行930列,发送液态奶186万吨,发送集装箱4.65万车,目前牛奶集装箱班列已成为品牌班列。

除了公路运输借势第三方物流企业、铁路运输借势快速准确的班列以外,在海运方面,蒙牛也与中海集装箱运输有限公司和中外运集装箱运输有限公司签订了战略合作关系,使物流的终端覆盖了所有的沿海港口城市。

3."快":一切为了新鲜

公路运势都是几种运输方式中发运量最大的一种形式。据郭部长介绍,和林总部及全国各生产厂的日发运总量为7000t左右,其中和林总部的日公路发运已经达到了2000t,主要是从成品管理仓库送到客户仓这一段的运输。

"虽然相比铁路和海运,公路运输的成本较为高昂,但是为了保证产品能够快速地送达消费者手中,保证产品的质量,我们还是以这种运输方式为主,比如,北京销往广州等地的低温产品,全部走汽运,虽然成本较铁运高出很多,但在时间上能有保证。"郭满仓说。

4."准":科技运输的标准

蒙牛常温液态奶事业部所有的物流操作已经全部实现了ERP系统管理,从客户要货、销售调度根据库存生成订单,物流运输调度生成派车单、仓库装车整个流程全部由计算机完成,唯一由人来完成的就是产品上车后的码垛装车。

为了保障产品的新鲜度,同时满足市场的要货需求,蒙牛根据运输工具的不同制定了到货周期;其中从销售调度在 ERP 系统审核订单的时间算起,所有订单在 24 小时内必须发出;而公路运输按照每天 600km 的时速行驶,计算到货时限;铁路运输的班列运输为 10 天到货,整车运输的时限为 18 天;海运运输的到货时限是 20 天。

据介绍,为了更好地了解汽车运行的状况,在 2007 年的夏天,蒙牛常温液态奶物流运输部还为一部分运输车辆安装了卫星定位系统,GPS 系统可以跟踪了解车辆的一切在途情况,比如是否正常行驶、所处位置、车速、车厢内温度等。蒙牛管理人员在网站上可以查看所有安装此系统的车辆信息。GPS 的安装,给物流以及相关人员包括客户带来了方便,避免了有些驾驶员在途中长时间停车而影响货物的及时送达或者产品在途中变质等情况的发生。

郭部长表示,蒙牛在到货交付阶段及货损理赔方面的经验也值得借鉴。首先,客户可以随时在 ERP 系统查询订单处理情况直达产品装车,并可以看到司机的相关信息;其次,物流公司设有专职跟踪人员负责产品在途及到货后的问题处理,出现货损采取物流公司先行赔付制度,并全部由我们与保险公司签订统一的保险合同,针对运输过程中湿、冻、丢、烂、翻等所有损失进行理赔;最后,到货交付后,由客户 ERP 系统中确认到货,物流运输部门设有专职客服人员进行统计未按时到货报表及客户的其他反馈,并由责任人在 24 小时内给予处理。

经过郭部长的介绍,记者发现,蒙牛运输的每个环节的设计都是合理并且有效的,针对不同的问题有不同的解决方案,这就是蒙牛的物流特色。

【思考】

(1)蒙牛物流运输的主要特色有哪些?

(2)结合案例谈谈运输在物流中的重要性。

实训

公路货物运输运费的计算

【技能训练目标】

掌握公路货物运输运费计算的要求,明确公路货物运输运费计算的程序,熟练根据公路运输业务计算运费。

【技能训练准备】

(1)单据准备:公路里程表,货物分类表

(2)训练地点:教室

【技能训练步骤】

(1)整车货物运费的计算

①确定货物的种类和基本运价。②确定货物的计费质量。③确定货物的计费里程。④确定货物运输的其他费用。

(2)零担货物运费的计算

①确定零担货物的种类和基本运价。②确定零担货物的计费重量。③确定零担货物的计费里程。④确定零担货物运输的其他费用。

【技能训练注意事项】

运费的计算是公路运输中比较重要的内容。训练时,按步骤仔细计算。

【技能训练评价】

技能训练评价如表3-30所示。

公路货物运输运费的计算技能训练评价表 表3-30

被考评组				
考评内容	公路货物运输运费的计算			
考评标准	内容	自我评价	教师评价	综合评价
	掌握运费核算的程序			
	明确运费计算的具体要求			
	熟练计算公路货运的运费			
	准确计算出公路货运业务的运费			
该项技能能级				

【技能训练任务】

(1)山东青岛一星机床厂有一批仪器设备,质量为2.2t,运往山西太原,试计算运价。

(2)江西南昌有一批稻谷,质量为70t,运往广东深圳,试计算运价。

(3)安徽合肥有一批板材,质量为20t,目的地是江苏徐州,试计算运价。

(4)根据表3-31所示的货物和运输情况,试计算运价。

货物和运输情况 表3-31

序 号	货物名称	质 量	始发地	目的地
①	化工	20t	江西玉山	浙江台州
②	石材	18t	江西玉山	浙江湖州

(5)辽宁丹东有4000株树苗运往沈阳,要求20t车两辆,试计算运价。

(6)有一批散装块煤500t,始发地是山西大同,目的地是河南郑州,试计算运价?

(7)有一批小食品5t,郑州—南昌,试计算运价。

【技能训练活动建议】

根据当地的运输业务情况增加实际业务题。

单元4　特种货物运输组织

引言

在物流运输中,特种货物主要是指危险货物、超限货物、鲜活易腐品货物。它们对装卸、运送和保管等作业有其特殊要求,面对专业要求高、操作难度大的特种货物运输,如何运用运输服务网络,克服各种不利因素的影响,保证货物安全运送目的地点,是运输中经常遇到的问题。

职业岗位职责

(1)认识危险品、超限货物、鲜活易腐品货物的特征。
(2)危险品、超限货物、鲜活易腐品货物进行包装与装卸。
(3)进行危险品、超限货物、鲜活易腐品货物的安全运输组织。

核心能力及教学目标

- 知识目标

①理解危险品、超限货物、鲜活易腐品货物的内涵。
②熟悉危险品、超限货物、鲜活易腐品货物的各种包装。
③掌握危险品、超限货物、鲜活易腐品的安全装卸要点。

- 能力目标

①能够认识危险品、超限货物、鲜活易腐品货物的特征。
②能够对危险品、超限货物、鲜活易腐品货物进行包装与装卸。
③能够进行危险品、超限货物、鲜活易腐品货物的安全运输组织。

- 素质目标

①培养相互协作的团队精神。
②具有良好的职业操守、严谨的工作作风。

4.1 危险货物运输组织

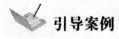
引导案例

贵州福泉收费站爆炸事故

2011年11月1日上午11时30分左右,贵州省黔南布依族苗族自治州福泉市马场坪收费站附近,两辆运送炸药的车辆在一汽修厂检修时发生爆炸。受爆炸冲击波影响,收费站周边部分房屋玻璃震碎,房屋受损。爆炸波及范围大约为标准400m跑道的足球场大小,发生爆炸的收费站房屋基本只剩下框架结构。经初步调查,两辆汽车上共装有炸药72t。事故已造成7人死亡,约有200人被送进医院救治,其中,20余人重伤。

据报道,贵州省黔南布依族苗族自治州公安局通报的事故初步调查,福泉市永远发展运输有限公司与湖南南岭民用爆炸器材股份有限责任公司签订运输合同,运输炸药的两辆货车均属福泉永远发展运输公司,载有炸药总量72t,拟运往贵州联合民爆器材经营有限责任公司。两辆货车未按规定的路线行驶,违规停放在马场坪收费站附近的检测站时,一辆货车燃烧,发生爆炸。

【问题】

(1)危险货物运输事故对社会产生什么样的严重后果?

(2)贵州福泉收费站爆炸事故发生的原因是什么?

4.1.1 危险货物的概念及分类

(1)危险货物的概念

在货物运输中,凡具有爆炸、燃烧、毒害、腐蚀、放射性等性质,在运输、装卸和储存保管过程中,容易引起人身伤亡和财产损毁而需要特别防护的货物,均属于危险货物。如表4-1所示。

危险货物分类   表4-1

危险货物类	交通部《危险货物运输规则》中列名的所有危险货物	一级	《危险货物运输规则》中规定的爆炸物品、一级氧化剂、压缩气体和液化气体、一级自然物品、一级遇水易燃物品、一级易燃固体、一级易燃液体、剧毒物品、一级酸性腐蚀物品、放射性物品
		二级	《危险货物运输规则》中规定的二级易燃液体、有毒物品、碱性腐蚀物品、二级酸性腐蚀物品

(2)危险货物的分类

我国国家标准《危险货物分类和编号》(GB 6944—2005),将危险货物分成9类。

第1类:爆炸品。

第2类:压缩、液化或加压溶解的气体。

第3类:易燃液体。

第4类:易燃固体、易自然或遇湿易燃物品。

第5类:氧化剂和有机过氧化物。

第6类:毒害品和感染性物质。

第7类:放射性物质。

第8类:腐蚀性物质。

第9类:其他危险质。

(3)危险货物的确认

为了加强危险货物运输管理,在具体确认某一货物是否为危险货物时,不能仅凭定义,这不仅在具体操作上常有困难(因承托方不可能对众多的危险品在需要运输时再作技术鉴定和判断),甚至有时还会引起歧义和矛盾。所以各种运输方式在确认危险货物时,都采取了列举原则。各运输方式都颁布有适合运输方式的《危险货物运输规则》(以下简称《危规》)。各《危规》在对各危险货物下定义的同时,都收集列举了本规则范围内各种具体品名,并加以分类。因此,危险货物必须是运输方式《危险货物品名表》所列名的,才能确认运输。要运输《危规》中未列名、但性能却是危险的某些货物,必须根据各种危险货物的分类分项标准,由托运人提出鉴定书,并经有主管部门审核或认可后,才能作为危险货物运输。

4.1.2 危险货物的特征

(1)爆炸品

①爆炸品是指爆炸性物质、爆炸性物品和为产生爆炸或烟火实际效果而制造的物质或物品。该类危险货物运输标志如图4-1所示。

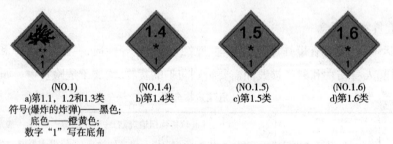

(NO.1)   (NO.1.4)   (NO.1.5)   (NO.1.6)
a)第1.1,1.2和1.3类   b)第1.4类   c)第1.5类   d)第1.6类
符号(爆炸的炸弹)——黑色;
底色——橙黄色;
数字"1"写在底角

图4-1 危险货物运输标志—爆炸物质和物品

注:

第1.1类:有整体爆炸危险的物质和物品。

第1.2类:有迸射危险,但无整体爆炸危险的物质和物品。

第1.3类:有燃烧危险并有局部爆炸危险或局部迸射危险或这两种危险都有,但无整体爆炸危险的物质和物品。

第1.4类:不呈现重大危险的物质和物品。

第1.5类:有整体爆炸危险的非常不敏感物质。

第1.6类:无整体爆炸危险的极端不敏感物品。

②爆炸品具有爆炸性、吸湿性、不稳定性三个特性。

a. 爆炸性。爆炸是物质非常迅速的物理变化或化学变化而形成压力急剧上升的一种现象。爆炸反应是分解反应和燃烧反应。爆炸品(图4-2)发生爆炸原因主要有两个,一是通过本身化学反应产生气体、温度、压力和速度的变化(即不需接触火源)引起爆炸;二是接触火焰、受热或受震动、摩擦、撞击等外力作用或受其他物质激发时引起爆炸。爆炸性是爆炸品的主要危险。

b. 吸湿性。绝大多数爆炸性物质或物品具有较强的吸湿性。当吸湿受潮后会降低爆炸性能,甚至失去作用。如黑灰药在含水量为2%时,就不易引爆。但必须有些物品当水分蒸发后仍可恢复原来的爆炸性能。有些爆炸物质在受潮后会引起反应使它更加危险,在运输中确保其干燥。

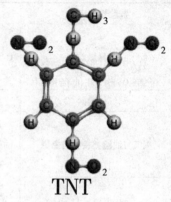

图4-2　爆炸品特性

c. 不稳定性。爆炸品遇酸、碱或受日光照射分解,与某些金属接触产生不稳定的盐类等特性,归纳起来,成为不稳定性。

(2) 压缩、液化、加压溶解气体

①压缩、液化、加压溶解气体:指常温常压条件下气态物质(一般临界温度低于50℃,或在50℃时的蒸汽压力大于3kg/cm),经压缩或降温加压后,储存于耐压容器或特制的高温绝热耐压容器或装有特殊溶剂的耐压容器中的气体。常见的此类货物有氧气、氢气、氯气、氨气、乙炔和石油气等。该类危险货物运输技术图如图4-3所示。

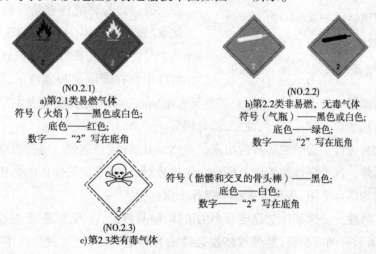

图4-3　危险货物运输标志图——气体

②压缩、液化、加压溶解气体的特性见表4-2。

(3) 易燃液体

①易燃液体是所有闭杯试验中,闪点在61℃或61℃以下,易散发出易燃蒸汽的液体,或者液体混合物,或含有处于溶解或悬浮状态固体的液体(如油漆、清漆),但不包括已列入其

他类别危险货物的液体（如乙醇、苯、乙醚、二氧化碳、油漆类以及石油制品和含有机溶剂制品等）。该类危险货物运输标志图如图4-4所示。

压缩液化、加压溶解气体货物特性 表4-2

危险性的表现	详述
容易爆炸	压缩、液化或加压溶解的气体具有因受热、撞击、震动等影响，会引起钢瓶内气体压力增大，使容器炸裂或爆炸的危险。高压气体按气体所处的状态，可分为压缩气体、液化气体、溶解气体和深冷液化气
气体泄漏	高压气体不得泄漏，防止与空气或泄漏的助燃气体形成爆炸性的混合气体
氧气与油脂类接触易燃烧	油脂类可燃物质在高压纯氧的冲击下，极易引起燃烧或爆炸。如果钢瓶上沾有油脂时，应立即用四氯化碳揩去。运输中氧气空钢瓶也不得与油脂类货物配装，防止残存氧气外泄引起燃烧事故
比空气重的高压气体沉积	按气体密度的大小，可分为："较空气为轻"；"远较空气为轻"；"较空气为重"；"远较空气为重"四类。多数高压气体重于空气，泄漏后往往沉积于低洼处或船舱底部，不易散发，增加了潜在危险。某些易燃气体能扩散到相当距离外的火源处被点燃并将火焰传播开来引起燃烧事故。如二甲胺、丁二烯等

(NO.3)
符号（火焰）——黑色或白色；
底色——红色；
数字——"3"写在底角

图4-4 危险货物运输标志图—易燃液体

②易燃液体具有极易燃烧性、蒸汽的易爆性，流动扩散性、受热膨胀性、易积聚静电和毒性等特性。

a. 极易燃烧性。液体燃爆前必须先蒸发而后燃烧。易燃液体都是一些蒸发热（或汽化热）较小的液体，极易挥发蒸气并在空间扩散。易燃液体几乎都是有机化合物，其分子组成中含有碳原子和氢原子，极易于空气中的氧化合。只要极小的火星即可燃烧，甚至与火焰相隔一定的距离仍可发生"返闪"现象，将货物点燃而引起燃烧。如乙醚、汽油、二流化碳等。

b. 蒸汽的易爆性。易燃液体挥发出来的蒸汽，与空气混合达到一定的浓度范围时，遇火星即可发生爆炸。这个爆炸的浓度范围称为爆炸极限，一般用该气体占的体积百分比表示，其最低浓度称为爆炸下限，最高浓度称为爆炸上限。

c. 流动扩散性。易燃液体是黏度很小的液体，极易流淌，还因渗透、毛细管引力、浸润等作用，即使容器只有细微裂纹，易燃液体也会渗出容器壁外，扩大其表面积并不断地挥发蒸汽，增加了燃烧爆炸的危险性。

d. 受热膨胀性。易燃液体的容器一旦受热，容器内的液体会急剧膨胀，蒸汽压也迅速提高，使密封容器内的压力升高，从而致使容器渗漏、变形或爆裂。因此，易燃液体应在阴凉场所存放，铁桶罐装时一般应留有5%的膨胀余位，低沸点液体的蒸汽压力通常较高，容器的强度应有足够的抗压力安全系数，以确保安全。

e.易积聚静电。大部分易燃液体,如醚类、酮类、脂类、芳香烃、石油及其产品等,都是导体。它们在运输装卸过程中,往往由于与其他物质摩擦接触而产生静电,当静电荷积聚到一定程度时,就会放电而出现电火花,引起易燃液体蒸汽燃烧爆炸的危险。

f.有毒性。大多数易燃液体有不同程度的毒性,部分毒性较大,长时间吸入会引起中毒,如二乙胺、丙烯腈、二硫化碳等。尤其是较空气重的易燃液体的有毒蒸汽,会沉积在货舱底部或库房低洼处,引起潜在的危险。

③易燃液体的分类储运。危险货物中品种最多、运输量最大的是易燃液体,最常见的是乙醇、苯和汽油。危险货物国际运输的主要方式是海运,国际海事组织的易燃液体划分标准以联合国专家委员会的建议为基础,该标准也适合于大部分国家的国内运输状况,且正在逐步被各国接受。

(4)易燃固体、易自燃物品和遇湿易燃物品

①易燃固体、易自燃物品和遇湿易燃物品。该类危险货物运输标志图如图4-5所示。

图4-5 危险货物运输标志图——易燃固体、易于自燃的物质、遇水放出易燃气体的物质

a.易燃固体指燃点低,对热、撞击、摩擦敏感,易被外部火源点燃,燃烧迅速。可能散出有毒烟雾或有毒气体的固体,但不包括已列入爆炸品范围的物品,如赤磷、硫磺、萘、硝化纤维塑料等。

b.易自燃物品指自燃点低,在空气中易于发生氧化反应,放出热量而自行燃烧的物品,如黄磷和油浸的麻、棉、纸及其制品等。

c.遇湿易燃物品指遇水或受潮时,发生剧烈化学反应,放出大量易燃气体和热量的物品。有些不需明火即能燃烧或爆炸,如钠、钾等碱金属、电石(碳化钙)等。

上述三类物品如图4-6所示。

②易燃固体,易自燃物品和遇湿易燃物品具有以下4点特性。

a.燃点低,易燃或自燃。

b.遇湿、遇水、遇酸、遇氧化物时,会发生剧烈化学反应。

c.易与氧化剂形成混合物,具爆炸性。

d.毒害性或腐蚀性。

　　a)易燃固体——硫磺　　　　b)易自燃物品——黄磷　　　　c)遇湿易燃物品——电石

图 4-6　易燃固体、易自燃物品和遇湿易燃物品

（5）氧化剂和有机过氧化物

①氧化剂和有机过氧化物是指易于放出氧气从而促使其他材料燃烧并助长火势的物质。本身未必燃烧，但一般因容易分解放出氧气并产生大量的热可导致或促成其他物质的燃烧，甚至引起爆炸。有机过氧化物绝大多数是燃烧猛烈的，能起强氧化剂的作用并易于发生爆炸性的分解，能严重损害眼睛。该类危险货物运输标志如图 4-7 所示。

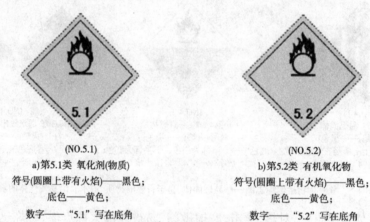

(NO.5.1)　　　　　　　　　　　　　　(NO.5.2)
a)第5.1类　氧化剂(物质)　　　　　　b)第5.2类　有机氧化物
符号(圆圈上带有火焰)——黑色；　　　符号(圆圈上带有火焰)——黑色；
底色——黄色；　　　　　　　　　　　底色——黄色；
数字——"5.1"写在底角　　　　　　　数字——"5.2"写在底角

图 4-7　危险货物运输标志图—氧化性物质和有机过氧化物

②氧化剂和有机过氧化物具有强氧化性和遇热分解特性。

　　a. 强氧化性。在氧化还原反应中，狭义地讲，给出氧的物质就叫氧化剂；广义地说，凡在化学反应中得到电子的物质，称为氧化剂。一种物质如果在反应中很容易给出氧或得到电子，就叫强氧化剂。《危规》中所列的氧化剂绝大多数是氢氧化剂或较强氧化剂。

　　氧化剂最突出的特性就是具有强氧化性。当氧化剂遇到还原剂，易燃物或有机物会引起激烈的化学反应，发生燃烧或爆炸。尤其是有机过氧化物，无论是液态或固体，均能同其他物质发生危险反应。

　　b. 遇热分解。氧化剂都有遇热分解产生氧(或具有氧化剂性的气体)和高热的特性。如硝酸盐类(如硝酸铵、硝酸钾等)遇热能放热出氧化氮气体和氧气。氯化盐、高锰酸盐类、过氧化钠等遇热都能加速分解出氧。当分解激烈时会引起燃烧或爆炸。大多数有机过氧化物对热敏感，极易燃烧和爆炸，为降低其敏感性，

(6) 毒害品和感染性物品

①感染性物品货物指含有致病的微生物,能引起病态,甚至死亡的物质。该类危险货物运输标志如图 4-8 所示。

(NO.6.2)
a)第6.1类 毒性物质
符号(骷髅和交叉的骨头棒)——黑色;
底色——白色;
数字——"6"写在底角

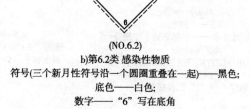
(NO.6.2)
b)第6.2类 感染性物质
符号(三个新月性符号沿一个圆圈重叠在一起)——黑色;
底色——白色;
数字——"6"写在底角

图 4-8 危险货物运输标志图——毒性物质和感染性物质

注:b)图标志的下半部可以标上"INFECTIOUS SUBSTANCE"(感染性物质)以及"In the case of damage of leakage immediately notify Public Health Authority"("如发生损伤或泄漏立即通知公共卫生机关")的字样

毒害品的主要特性有以下几点。

a. 溶解性。毒害品在水中溶解度越大,毒性越大。因为易于在水中溶解的物品,更易被人吸收而引起中毒。如氯化钡($BaCl_2$)易溶于水中,对人体危害大,而硫酸钡($BaSO_4$)不溶于水和脂肪,故无毒。但有的毒物虽不溶于水却可溶于脂肪,也会对人体产生一定危害。

b. 挥发性。毒物在空气中的浓度与物质挥发度有直接的关系。在一定时间内,毒物的挥发性越大,毒性越大。一般沸点越低的物质,挥发性越大,空气中存有浓度高,易发生中毒。

c. 分散性。固体毒物颗粒越小,分散性越好,特别是一些悬浮于空气中的毒物颗粒,更易吸入肺泡而中毒。

②感染性物品指含有致病微生物,能引起病态,甚至死亡的物质。包括基因突变的微生物和生物、生物制品、诊断标本和临床以及医疗废物。

a. 感染性废物、病理性废物、损伤性废物、药物性废物、化学性废物。

b. 文字"医疗废物"标志图形和文字颜色为黑色,底色为醒目的橘红色。

c. 运输医疗废物单位的资格和运输规定,医疗废物运输车应当做到,防漏、防遗留以及其他。车辆注意消毒和清洁,禁止在水源保护区的水体上运输、禁止运输车搭载乘客。

常见的毒害品包括四乙基铅、氢氰酸及其盐类、苯胺、硫酸二甲酯、砷及其化合物和生漆。

(7) 放射性物品

放射性物品是指含有放射性核素,其活度和比活度均高于国家规定的豁免值的物品。该类危险货物运输标志如图 4-9 所示。

(NO.7A)
a) Ⅰ级——白色
符号(三叶型)——黑色;
底色——白色;
文字(强制性要求)——在标志的下半部分用黑体标出;
紧跟"RADIOACTIVE"字样的后面标上一条垂直的红色短杠;
数字——"7"写在底角

(NO.7B)
b) Ⅱ级——黄色
符号(三叶型)——黑色;
底色——上半部黄色加白边,下半部白色;
文字(强制性要求)——在标志的下半部分用黑体标出;
紧跟"RADIOACTIVE"字样的后面标上二条垂直的红色短杠;
数字——"7"写在底角

(NO.7C)
c) Ⅲ级——黄色
紧跟"RADIOACTIVE"字样的后面标上三条垂直的红色短杠;
数字——"7"写在底角

底色——白色;
文字(强制性要求)——在标志的上半部用黑体标出:FISSILE(裂变性)字样。在一个黑框内标出:CRITICALITY SAFETY INDEX(临界安全指数)。
数字——"7"写在底角

d)第七类裂变型物质

图 4-9　危险货物运输标志图——放射性物品运输

注:RADIOACTIVE——放射性;CONTENTS——内容物名称;ACTIVITY——强度;TRANSPORT INDEL——运输指数

(8)腐蚀性物质

从包装泄露出来后,该物质接触人体或其他物品,在短时间内即会在接触的表面发生化学反应或电化学反应,造成明显破坏该类危险货物运输标志如图 4-10 所示。

(NO.8)
符号(液体,从两个玻璃器流出来侵蚀到手和金属上)——黑色;
底色——上半部白色,下半部黑色带白边;
数字——"8"写在底角

图 4-10　危险货物运输标志图——腐蚀性物质

①腐蚀现象会因以下几种情形而发生。

a. 金属与酸或碱发生置换反应。

b. 金属被酸氧化而腐蚀。

c. 某些浓强酸使有机物脱水而焦化。

d. 某些碱或浓酸使含水物质水分吸收。

e. 某些酸性物质具有强氧化性,能使有机物氧化而被腐蚀。

f. 强碱能与油脂、氨基酸反应破坏人体组织。

g. 硫酸的硫化作用、硝酸的硝化作用。

②危险品包装分级如表 4-3 所示。

③常见腐蚀品有以下几类。

a. 硫酸,是重要的工业原料。硫酸与水混容,98% 的硫酸密度 1.84,沸点 338℃,凝固点 10℃。有三氧化二硫溶于其中后又叫发烟硫酸。在制造硫酸铝、盐酸、氢氟酸、磷酸钠和硫酸钙等时都要用硫酸。

b. 硝酸,是工业上仅次于硫酸的工业酸。无色液体,通常容有二氧化氮呈红棕色。

68%~70%的溶于水的密度为1.5,沸点86℃,凝固点-42℃。硝酸作为氧化剂,几乎能与一切金属发生反应。硫酸和硝酸盐反应生成硝酸。

危险品包装分级 表4-3

级 别	详 述
Ⅰ级包装(危险性大的腐蚀品)	在试验中与动物损伤的皮肤接触不超过3min即出现可见皮肤坏死现象的物品
Ⅱ级包装(危险性中等的腐蚀品)	在试验中与动物未损伤的皮肤接触3~60min内出现可见皮肤坏死现象的物品
Ⅲ级包装(危险性小的腐蚀品)	在试验中与动物未损伤的皮肤接触超过60min以上,但不超过4h出现可见皮肤坏死现象的物品,以及在温度55℃时,对20号钢的表面均匀年腐蚀率超过6.25mm/年的酸性或碱性的固体或液体

c. 盐酸和氯化氢,仅次于硫酸和硝酸。工业用三酸二碱是重要的化工原料。

d. 氯磺酸,比浓硫酸的危险性更大。180℃以上高温氯磺酸分解为硫酰氯和硫酸。

e. 冰醋酸,是一种最普通的有机酸,有强烈的醋味,16℃冰洁,对金属和有机物都腐蚀。冰醋酸易燃,遇明火立即燃烧,产生蓝色火焰。

f. 氢氧化钠,市场上一般运输含量是30%和45%的溶液。运输时必须防止与空气以及玻璃接触。

g. 肼和水合肼,一般不做商业运输。是高能的火箭助燃剂,水合肼呈强碱性,是强还原剂。

h. 甲醛,运输中主要是37%~55%的水溶液。并含有0.05%~15%的甲醇做稳定剂。

(9)杂类危险物质

此类物质是指除以上8类的其他危险物。此类物质由于具有其他类别的规定不能恰当包括的特有危险,或相对地只有较低的运输危险,因而不能恰当地归入任何有较精确定义类别之内。如喷雾器、石棉、硝酸铵肥料、鱼粉(低度危险的)、火柴(安全性的)、农药(低度危险的)次氯酸钙(干的混合物,含有效氟为39%以下,但超过10%)等。该类危险货物运输标志如图4-11所示。

(NO.9)
符号(在上半部有7条竖直条带)——黑色;
底色——白色;
数字——"9"写在底角

图4-11 危险货物运输标志图——杂项危险物质和物品

 知识链接4-1

空运中隐含危险品的物质

在航空运输中,有些货物从名称上虽然看不出是否为危险品,但实际上是具有危险性的货物。以下是空运中常见的隐含危险品的物质。

(1)呼吸器:可能有压缩气体和氧气罐。

(2)野营用具:可能会含有易燃气体、易燃液体、火柴盒或其他危险品。

(3)诊断用标本:可能含有传染性物质。

(4)电气设备:在电动设备的电子管和开关中可能含有磁性物质和水银。

(5)冷冻的水果和蔬菜:包装内可能含有干冰。

(6)机器零件:可能含有危险品,如粘合剂、油漆、封胶、胶溶剂等。

(7)家用物品:可能含有有害物质,如油漆、气溶胶、漂白粉等。

4.1.3 危险货物对汽车运输的安全要求(表4-4)

公路运输爆炸品的安全要求　　表4-4

类别	要点
公路运输爆炸品的安全要求	慎重选择运输工具:公路运输爆炸品货物禁止使用以柴油或煤气燃料的机动车、自卸车,三轮车、自行车以及畜力车同样不能运输爆炸物品
	装车前的工作及装载量要求:装车前应将货厢清扫干净、排除异物,装载量不得超过额定负荷
	公路长途运输爆炸品时,其运输路线应事先报请当地公安部门批准,按公安部门指定的路线行驶,不得擅自改变行驶路线,以利于运行安全管理,万一发生事故可及时采取措施处置
	驾驶员必须集中精力,严格遵守交通法令和操作规程。行驶中注意观察,保持行车平稳。多辆车列队运输时,车与车之间至少保持50m以上的安全距离。一般情况下不得超车、强行会车、非特殊情况下不得紧急刹车
	运输及装卸工作人员,都必须严格遵守保密规定。对有关弹药储运情况不准向无关人员泄露,同时必须严格遵守有关库、场的规章制度,听从现场的指挥人员或随车押运人员的指导。装卸时必须轻拿轻放,严防跌落、摔碰、拖拉、翻滚、投掷、倒置等以免发生着火、爆炸
装卸爆炸品的安全要求	参与装卸的人员,都必须严格遵守保密规定
	装卸时必须轻拿轻放,稳中求快,严防跌落、摔碰、撞击、拖拉、翻滚、投掷、倒置等
	装车时应分清弹药箱的种类、批号,点清数量,防止差错
	装车不得超高、超宽;堆放要稳固、紧凑、码平,非封闭式货厢的车辆装车后必须盖好苫布,苫布边缘必须压入栏板里面,再以大绳捆扎牢固
	炸药和弹药当受到强烈的震动、撞击、摩擦、跌落、拖拉、翻滚等作用时,容易发生严重后果,必须严加注意

4.1.4 组织危险货物的运输业务的有关规范

危险货物运输,要经过受理托运、仓储保管、货物装卸、运送、交付等环节,这些环节有不同岗位人员操作完成。其中,受理托运、货物运输及交接保管工作环节尤其应加强管理,其规范要点如表4-5所示。

组织危险货物的运输业务规范 表4-5

工作环节	规 范 要 点
受理托运	在受理前必须对货物名称、性质等情况进行详细了解并注明
	问清包装、规格和标志是否符合国家规定要求,必要时下现场进行了解
	新产品应检查随附的《技术鉴定书》是否有效
	按规定需要的"准运证件"是否齐全
	做好运输前准备工作,装卸现场、环境要符合安全运输条件
	在受理前应赴现场检查包装等情况,看是否符合安全运输要求
货物运送	详细审核托运单内容,发现问题要及时弄清情况,再安排运行作业
	必须按照货物性质和托运人的要求安排车班、车次
	要注意气象预报,掌握雨雪和气温的变化
	遇有大批量烈性易燃、易爆、剧毒和放射性物资时,须作重点安排
	安排大批量危险物品跨省市运输时,应安排有关负责人员带队
	遇有特殊注意事项,应在行车单上注明
交接保管	承运单位及驾驶、装卸人员、押运人员的应明确各自应负的责任
	严格货物交接,危险货物必须点收点,交签证手续完善
	装货时发现包装不良或不符安全要求,应拒绝装运,待改善后再运
	因故不能及时卸货,在待卸期间行车人员应负责对所运危险货物的看管
	如所装货物危及安全时,承运人应立即报请当地有关部门进行处理

凡具有腐蚀性、自然性、易燃性、毒害性、爆炸性等性质,在运输、装卸和储存保管过程中容易造成人身伤亡和财产损毁而需要特别防护的物品,均属危险品。危险品具有特殊的物理、化学性能,运输中如防护不当,极易发生事故,并且事故所造成的后果较一般车辆事故更加严重。因此,为确保安全,在危险运输品中应特别注意如表4-6所示的事项。

危险运输品注意事项 表4-6

类 别	注 意 事 项
注意包装	危险品在装运前应根据其性质、运送路程、沿途路况等采用安全的方式包装好。包装必须牢固、严密,在包装上做好清晰、规范、易识别的标志
注意装卸	危险品装卸现场的道路、灯光、标志、消防设施等必须符合安全装卸的条件。装卸危险品时,汽车应在露天停放,装卸工人应注意自身防护,穿戴必需的防护用具。严格遵守操作规程,轻装、轻卸,严禁摔碰、撞击、滚翻、重压和倒置,怕潮湿的货物应用篷布遮盖,货物必须堆放整齐,捆扎牢固。不同性质的危险品不能同车混装,如雷管、炸药等切勿同装一车

续上表

类　别	注　意　事　项
注意用车	装运危险品必须选用合适的车辆。爆炸品、一级氧化剂、有机氧化物不得用全挂汽车列车、三轮机动车、摩托车、人力三轮车和自行车装运；爆炸器、一级氧化剂、有机过氧物、一级易燃品不得用拖拉机装运。除二级固定危险品外，其他危险品不得用自卸汽车装运
注意防火	危货运输忌火，危险品在装卸时应使用不产生火花的工具，车厢内严禁吸烟，车辆不得靠近明火、高温场所和太阳暴晒的地方。装运石油类的油罐车在停驶、装卸时应安装好地线，行驶时，应使地线触地，以防静电产生火灾
注意驾驶	装运危险品的车辆，应设置 GB13392—92《道路运输危险货物车辆标志》规定的标志。汽车运行必须严格遵守交通、消防、治安等法规，应控制车速，保持与前车的距离，遇有情况提前减速，避免紧急刹车，严禁违章超车，确保行车安全
注意漏散	危险品在装运过程中出现漏散现象时，应根据危险品的不同性质，进行妥善处理。爆炸品散落时，应将其移至安全处，修理或更换包装，对漏散的爆炸品及时用水浸湿，请当地公安消防人员处理；储存压缩气体或液化气体的罐体出现泄漏时，应将其移至通风场地，向漏气钢瓶浇水降温；液氨漏气时，可浸入水中；其他剧毒气体应浸入石灰水中；易燃固体物品散落时，应迅速将散落包装移于安全处所，黄磷散落后应立即浸入水中，金属钠、钾等必须浸入盛有煤油或无水液体石蜡的铁桶中；易燃液体渗漏时，应及时将渗漏部位朝上，并及时移至安全通风场所修补或更换包装，渗漏物用黄砂、干土盖没后扫净
注意停放	装载危险品的车辆不得在学校、机关、集市、名胜古迹和风景游览区停放，如必须在上述地区进行装卸作业或临时停车时，应采取安全措施，并征得当地公安部门的同意。停车时要留人看守，闲杂人员不准接近车辆，做到车在人在，确保车辆安全
注意清厢	危险品卸车后应清扫车上残留物，被危险品污染过的车辆及工具必须洗刷清毒。未经彻底消毒，严禁装运食用、药用物品、饲料及动植物

阅读材料

运输危险货物、超大货物集装箱，根据货物的不同，选派的重载汽车也不同。如果运输危险货物，可考虑需要安装 GPS 的重载汽车运输。德国对危险货物汽车运输的要求比较严格，运输普通危险货物的司机必须每五年经过一次 30h 的培训。司机在运输危险货物时，必须配备要求的安全设备(安全帽、防护镜、铁锹、灭火器等)，在集装箱四周必须张贴危险识别标志和国家通用标准的危险货物代码(UN Number)。另外，在重载汽车前方防风玻璃处放置一块边框为 1cm 黑框的 60cm×40cm 橘黄色牌子，表示该车装的是危险货物。对于运输放射性或炸药等危险货物，将由另外经过更严格培训的司机运输，集装箱换装站也是指定的。如果运输超重的集装箱，就需要选派装载超重集装箱的拖车运输。根据不同情况，选用不同的车辆，这需要重载汽车编排部有目的地选择运输合同单位。运输特种集装箱的费用也不同于普通集装箱的运输费用。

4.2 超限货物运输组织

引导案例

中铁特货运输有限责任公司主要从事超限货物、鲜活易腐货物的运输。公司以市场为导向,着力在"特"字上做文章。用专业的装备、专业的技术、专业的运输、专业的服务,做强大件运输产品、做精冷藏运输产品。公司重点开发大型电厂设备项目发电机组、大容量变电器等产品的运输,加大开发化工、冶金、矿产等产业的超限运输市场力度。

2007年9月9日和9月27日,中铁特货公司两次成功运输中国第一重型机械集团有限责任公司生产的412t轧机机架,完成了国内目前最大件轧机机架的运输,标志着我国铁路超限运输事业迈上了一个新台阶。公司找准冷藏运输的市场定位,优化产品结构,充分发挥运输距离长、批量大、货温低、控温长的铁路冷藏运输优势,开发重点地区、重点产品、重点客户,实现国内鲜活、瓜果、蔬菜、冷冻等货物东西贯通,南北流动。

【问题】

如何开展超限货物的运输?

4.2.1 超限货物的概念

超限货物是指货物外形尺寸和质量超过常规(指超长、超宽、超重、超高)车辆、船舶装载规定的大型货物。

超限货物运输是公路运输中特定概念,指使用非常规的超重型汽车列车(车组)载运外形尺寸和质量超过常规车辆装载规定的大型物件公路运输。如图4-12和图4-13所示。

图4-12 超限货物

图4-13 超限货物

4.2.2 超限货物运输的特殊性

与公路普通货物运输相比较,超限货物运输具有特殊性,具体表现如表4-7所示。

超限货物运输的特殊性　　　　　　　　　　　　　　　　　　　　　　表 4-7

特殊性的表现	详　　述
特殊装载要求	一般情况下超重货物装载在超重型挂车上，需用昂贵的、由高强度钢材和大负荷轮胎制成的超重型牵引车牵引
特殊运输条件	途径道路和空中设施必须满足所运货物车载负荷和外形储存的通行需要，运前要对道路相关设施进行改造
特殊安全要求	超限货物运输一般均为国家重点工程的关键设施，因此超限货物运输必须确保安全、万无一失

◀ 4.2.3　超限运输与超载运输的区别（表 4-8）

超限与超载的区别　　　　　　　　　　　　　　　　　　　　　　　表 4-8

内　容	超　限	超　载
法源和法律依据	全国人大颁布的《中华人民共和国公路法》	国务院颁布的《道路交通管理条例》
技术参数	超限治理超载和超限分别依据《道路交通管理条例》和《公路法》的相关条款	汽车在装载时货物超过汽车的核定载重量
客体物	只存在货物运输中	既有货物超载，也有客运超载
执法主体	公路管理机构	公安机关
法律责任	3万元以下罚款造成公路损害的，同时承担民事赔偿责任。所以超限具有行政和民事法律上的双重责任	5元以下罚款或者警告，并可同时吊扣执照一个月，只有行政法上的法律责任
目的	治理超限是为了维护公路的正常使用而不被损害	限制超载是为了人身和财产安全

◀ 4.2.4　组织超限货物运输业务的有关规范（表 4-9）

组织超限货物运输业务规范　　　　　　　　　　　　　　　　　　　表 4-9

工作环节	有关规范
办理托运	托运人必须在(托)运单上如实填写大型物件的名称、规格、件数、件重、起运日期、收发货人详细地址及运输过程中的注意事项
理货	调查大型物件的几何形状和重量，调查大型物件的重心位置和质量分布情况，查明货物承载位置及装卸方式，查看特殊大型物件的有关技术经济资料，以及完成书面形式的理货报告
验道	查验运输沿线全部道路的路面、路基、纵向坡度、横向坡度及弯道超高处的横坡坡度等。然后根据上述查验结果预测作业时间，编制运行路线图，完成验道报告

续上表

工作环节	有关规范
制定运输方案	在充分研究、分析理货报告及验道报告基础上,制定安全可靠、可行的运输方案
签订运输合同	根据托运方填写的委托运输文件及承运方进行理货分析、验道、制定运输方案的结果,承托双方签订书面形式的运输合同
线路运输工作组织	建立临时性的大件运输工作领导小组负责实施运输方案,执行运输合同和相应对外联系
运输统计与结算	运输统计指完成公路大型物件运输工作各项技术经济指标统计,运输结算即完成运输工作后按运输合同规定结算运费及相关费用

4.3 鲜活易腐、冷藏货物运输组织

引导案例

某物流公司接到肉类进京的运输业务。由于近年来西宁肉类需求量不断增大,西宁方面要求每天增加一定的进货量,运输任务自然就需要增长。运输部门经理把任务交给了运输物流员刘星,要求他尽快制定一份冷藏运输整改方案以适应业务量的增加,并要求他具体负责实施。现假设你是刘星,请完成一份建议方案。

4.3.1 鲜活货物运输内涵

凡运输中需采取特殊措施,以防止腐烂变质或病残死亡的货物,均属鲜活货物。如图4-14和图4-15所示。

图4-14 冷藏货物

图4-15 鲜活货物

托运的鲜活货物必须是品质新鲜、无病残,有能保证货物运输安全的必要包装,使用的车辆和装载方法要适合货物性质,并根据需要采取预冷、加冰、上水、押运等措施,以保持货物的质量状态良好。应适应鲜活货物季节性强、运量波动大、时间要求快的特点,坚持"四优

先"的原则(即优先安排运输计划、优先进货装车、优先取送、优先挂运),按货配车,做好途中服务,与发、收货人密切配合,确保鲜活货物运输质量。不断改善和加强运输鲜活货物的技术设备和车辆,以满足人民生活需要,保证外贸出口任务。

◀ 4.3.2 冷藏运输货物内涵

冷藏运输货物是指在运输过程中,对外界高温或低温需要采取制冷措施,以防止死亡和腐烂变质的货物;或托运人认为须按冷藏货物运输条件办理的货物。

货物要求低温运输,是为了维持货物的呼吸,以保持货物的鲜度。

冷藏货物在运输过程中保持的温度称作运输温度如表4-10所示。冷藏货大致分为冷冻货和低温货两种。

冷藏货物运输温度   表4-10

货 名	运输温度(℃)	货 名	运输温度(℃)
鱼	-17.8 ~ -15.0	虾	-17.8 ~ -15.0
肉	-15.0 ~ -13.3	黄油	-12.2 ~ -11.1
蛋	-15.0 ~ -13.3	浓缩果汁	-20

知识链接4-2

运输车是冷藏运输中最重要的因素。一部冷藏车主要由以下几个部分组成。

(1)货车

一般来说,冷藏车都是在普通货车的基础上改装而成。

(2)制冷机组

制冷机组是冷藏车的制冷来源。制冷效果取决于制冷机的功率和质量。

(3)保温箱

冷藏车都需要有保温箱。保温箱需要由专业的生产厂家提供。

温度是保藏和运输鲜活易腐货物的主要条件,但通风的强弱和卫生条件的好坏也直接影响货物的质量。只有妥善处理好温度、湿度、通风、卫生这四个条件,才能保证鲜活易腐货物的运输质量。

连续冷藏是用冷藏方法来保藏和运输鲜活易腐货物的一个突出特点。若储运中某个环节不能保证连续冷藏的条件,微生物活动和呼吸作用都将随着温度的升高而加强,货物就可能在这个环节中开始腐烂变质,因此要求协调组织好物流的各个环节(运输、储存、装卸),为冷藏运输提供必要的物质条件。在此期间注意事项如表4-11所示。

运输鲜活易腐货物注意事项　　　　　　　　　　　　　　　　　　表 4-11

运输环节	注 意 事 项
配载运送时	对货物的质量、包装和温度要求进行认真的检查,包装要合乎要求、温度要符合规定
	根据货物的种类、运送季节、运送距离和运送地方确定相应的运输服务方法,及时地组织适宜车辆予以装运
装车前	认真检查车辆及设备的状态,应注意清洗和消毒
装车时	根据不同货物的特点,确定其装载方法

知识链接 4-3

鲜花(图 4-16)对温度的变化很敏感,所收运的数量应取决于机型的要求,通常可采用集装箱运输。

蔬菜(图 4-17)通常含有较高水分,运输要注意通风,否则会氧化变质。同时注意远离活动物和有毒物品,避免感染。特别地,蔬菜不能和鲜花一起存放。

新鲜的鱼(图 4-18)、肉运输要注意包装密封,防止液体漏出。

　　图 4-16　鲜花　　　　　　　　图 4-17　蔬菜　　　　　　　　图 4-18　鱼

鲜活易腐、冷藏货物对环境的要求如表 4-12 所示。

鲜活易腐、冷藏货物要求　　　　　　　　　　　　　　　　　　表 4-12

种　类		温度℃	湿度(%)	通　风
亚热带、热带水果		+9 ~ +15		气温高时要
其他水果		+3 ~ +6	90	通风良好
新鲜蔬菜		0 ~ +6	—	—
树苗		+15 左右	—	—
冻肉、水产品		−8 以下		可不通风
冻鲜花		0 以下		可不通风
种蛋	未入孵的	+13	70 ~ 80	通风良好
	已入孵的	—	—	—
	将孵出的	蛋温不得超过 +37.8	—	—

4.3.3 鲜活货物运输规范

鲜活货物分为易腐货物和活动物两大类。

易腐货物包括肉、鱼、蛋、水果、蔬菜、冰、鲜活植物等,按其热状态又分为冻结货物、冷却货物、未冷却货物。

活动物包括禽、畜、兽、蜜蜂、活鱼、鱼苗等。

在鲜活货物运量集中的区段,发货人应按方案的要求落实货源;运输部门应落实日常配空、装车、留轴挂运、中转衔接、编车等工作,并加强调度指挥,组织实现。

(1)易腐货物运输

冷藏车应用于装运易腐货物,但无包装的水果(西瓜、哈密瓜、南瓜、冬瓜除外)、蔬菜、卤鱼和能损坏车内设备的易腐货物不得用冷藏车装运。装运需用冷藏车冷藏、保温或加温的非易腐货物时,承运部门承认后,方可使用。

使用冷藏车运输易腐货物时,发货人应按附件一规定的条件或与车站另行商定的条件,在货物运单"发货人记载事项"栏内具体注明"途中加冰"、"途中制冷"、"途中加温"、"途中不加冰"、"途中不制冷"、"途中不加温"、"不加冰运输"等字样。

易腐货物应按附件一规定的方法装载。经过预冷的冷藏车装车时,应采取措施,保持车内温度。在装(卸)车作业中应使用不致损坏车内设备的工具,并不得挤碰循环挡板和汇水槽。上层货物距循环挡板,最少应留出50mm的空隙。开关车门时,严禁乱砸硬撬。采取保温、防寒、防湿等措施时,不得以钉钉等方式损坏冷藏车车体。

卸车单位卸完易腐货物后,应负责将车辆清扫干净。装过鱼、肉及被易腐货物污染的车辆,卸车单位必须彻底洗刷,使车内没有残留的污水、秽物,必要时还应进行消毒。洗刷、消毒后适当通风、晾干再关车门。

(2)活动物运输

发货人装运活动物时,必须交验规定的检疫证明书如图4-19所示。没有检疫证明,发站不得承运。发货人应在货物运单内注明凭证文件的名称、号码和押运人的姓名。检疫证明书应随同货物运单递交到站交收货人,也可由押运人自带。

发货人托运猛禽、猛兽(包括演艺用的兽)时,应与发送部门商定运输条件和运输防护方法。装运活动物(图4-20)必须选用家畜车、家禽车、活鱼车以及清扫干净、未受毒害品污染的棚、敞车,但不得使用无车窗的棚车。装运牛、马、骡、驴等大牲畜,不得使用铁底货车,应用棚车装运。装车单位对拨配的车辆应认真检查,发货人认为不适合装运时车站要给予调换。拨配装运蜜蜂的车辆是否适合装蜂,一律由发货人检查确定。

禽、畜可单层或多层装载,每层的装载数量由发货人根据季节、运输距离、活动物的体积及选用的车种等情况确定。蜜蜂装车时,应留通风空隙,装敞车时应分层压缝,堆码稳固,高出车厢部分,必须用绳索捆绑牢固,以防蜂箱坠落。活鱼、鱼苗应使用木箱、鱼篓、帆布桶等容器盛装，使用帆布槽盛装时，应备有坚固的金属支架。装运活动物的车辆可开启门窗，对棚车开启的车门和敞车吊起的侧板，均必须捆绑牢固，并用栅栏挡住。如图4-21所示。

a) 活动物运输标签

b) 活动物运输禁止倒置标志

c) 出县境动物检疫合格证明

图4-19　活动物运输相关标志和证明

图4-20　家禽运输

图4-21　活动物运输

装运活动物时，发货人必须派熟悉动物特性的押运人随车押运，负责做好动物的饲养、饮水、换水、洒水、看护和安全等工作。押运人每车以一至二人为限，发货人要求增派押运人时，须经车站承认。但增派人数不得超过五人。租用的家畜、家禽车回空时每次准许派两个押运。押运人必须持有本单位填发的身份证明，并应遵守铁路规章的有关规定。严禁押运人在车内吸烟、生火、做饭、用明火照明和乘坐其他车辆。押运人携带物品只限途中生活用品和途中需要的饲料和饲养工具。押运人携带物品的重量(不包括饲料及饲养工具),每人不得超过40kg,超过部分按铁路货物运价规则核收运费。发现押运人携带违反政令限制的物品和危险品时,车站应移交当地有关单位处理。蜜蜂押运人携带蜜蜂饲料每车不得超过800kg。蜜蜂押运人的帐篷、床作为养蜂工具办理。为放蜂需要带的狗和自行车按整车附零办理。但狗必须装在笼内,要交验检疫证。各运输部门应对押运人宣传安全注意事项。严禁蜜蜂押运人乘坐在上层蜂箱上,防止发生伤亡事故。

装运活动物,发站应在货物运单、货票、封套、装载清单内注明"活动物"字样。活动物在中途上水,由铁路指定的供水站免费供应。供水站应配备上水用具,同时派人管好用具,做好供水工作。活动物的粪便应由押运人在铁路指定站或到站清除,不得中途随意向车外处置。途中发现疫情,押运人要及时向当地防疫部门报告,并妥善处理。患有传染病的禽畜和死禽畜不许出售和随意乱扔,应按防疫部门规定处理。蜜蜂在运输中不办理放蜂和变更到站。对到达的装有活动物的车辆,应及时组织卸车和搬出货场。货车和货位必须认真清扫和洗刷,必要时还应进行消毒。蜜蜂卸车后不得在车站范围放蜂。对租用的家畜、家禽、活鱼车卸后应立即办理回送。

◀ 4.3.4 鲜活易腐货物运输组织工作的要点

鲜活易腐货物运输是指需要使用专门的运输工具或采用特殊措施,以便保持一定的温度,适度或供应一定的饲料,上水、换水,以防止腐烂变质或死亡的货物运输。

鲜活易腐货物,先要填写货物运单。填写的到站应符合营业办理范围,收、发货人的名称及到、发地点要填写清楚、准确。此外,还要注意下列几点事项。

(1)熟悉货物的具体名称和热状态

物品温度是承运冷却和冻结货物的依据。

(2)写明易腐商品的容许运输期限

最大运输期限取决于货物的种类、性质、状态、产地、季节和运输工地等因素。

(3)填写所要求的运输方法

根据实际需要,注明"途中加冰"、"途中制冷"、"途中加温"、"不加冰运输"或"途中不加冰运输"等字样。

(4)持有检疫证明书

托运需要检疫运输的禽畜产品和鲜活植物,要有"检疫证明书"(在运单内注明),并在运输期限的鲜活商品还需要持有必要的运输证明文件。

单元小结

本单元主要介绍了危险货品运输、鲜活易腐货品运输、超限货物运输的概念,危险货品运输中需注意的事项,鲜活易腐货品运输应注意关系。通过学习,掌握超限货物运输在物流中的作用及物流运输的特点,了解特殊货品物流运输的基本方式,合理选择与使用特殊物品运输方式如图4-22所示。

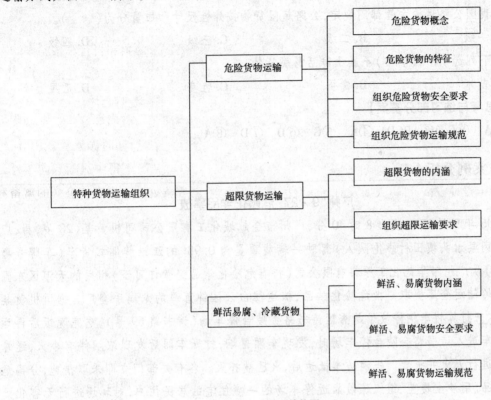

图4-22 本单元结构图

 思考与练习

不定项选择题

①危险货物的危险性主要是由物质的(　　)决定的。

A. 温度　　　　　　B. 湿度　　　　　　C. 通风　　　　　　D. 卫生

②下列物品爆炸属于化学爆炸的是(　　)。

A. 轮胎　　　　　　B. 锅炉　　　　　　C. 爆竹　　　　　　D. 钢瓶

③根据爆炸极限范围,下列易燃气体或蒸汽最危险的是(　　)。

A. 甲烷 5.0%~15.0%　　　　　　　　B. 乙醚 1.8%~63.5%

C. 乙烯 2.7%~8.6%　　　　　　　　D. 乙醇 3.97%~57.0%

④毒害品的毒害性常用(　　)指标衡量。

A. 分散度　　　　　　　　　　　　B. 比活度

C. 敏感度　　　　　　　　　　　　D. 半数致死重量或浓度

⑤黄磷属于危险货物中的(　　)。

A. 易燃固体　　　　B. 遇水易燃物品　　C. 自然物品　　　　D. 腐蚀性物品

⑥物理烧伤和化学烧伤的主要区别在于是否(　　)。
A. 有伤害　　　　　B. 接触放射品　　　　　C. 有感觉　　　　　D. 接触腐蚀品
⑦我国公路运输主管部门规定,公路超限货物按外性尺寸和质量分为(　　)。
A. 一级　　　　　　B. 二级　　　　　　　　C. 三级　　　　　　　D. 四级
⑧下列选项中,(　　)不属于鲜活易腐货物。
A. 苗木　　　　　　B. 禽蛋　　　　　　　　C. 牲畜　　　　　　　D. 瓜果

【思考与练习部分答案】
①A　②C　③ABCD　④A　⑤C　⑥D　⑦D　⑧A

案例分析 4-1

广州"9·27"危险化学品事故

2006年9月27日晚上8时40分,广州市金越城化工有限公司司机黄某(28岁,男,广东省佛冈县水头镇田村修伦队人)驾驶一辆载重量为0.98t的江淮牌厢式货车(车牌号粤A04447)从广州市华础化工原料有限公司(持有危险化学品经营许可证)租用的天河区东圃珠村大岭储运仓库提取一批危险化学品,拟运往白云区钟落潭的龙岗手套厂。据司机黄某称,他本来打算将车辆停放于越秀区诗书路金陵台停车场(诗书路69号),吃完晚饭后再运走。当车进入诗书路金陵台停车场时,发现车厢冒烟,打开车厢后发现浓烟伴有小火,遂拿灭火器进行灭火并报警。当消防车抵达后,火已被扑灭。各有关部门立即采取措施,分离危险化学品、用沙土覆盖、组织疏散靠近停车场的一幢住宅的居民住户,对现场进行无害化处理等应急处理设施。9月28日3时30分,环卫部门已将现场地面清洗。

据市安监局调查,事故车辆载有三氯化铁10件共500kg,磷酸1件共35kg,漂白粉46包共460kg等多种化学品。事故车辆没有危险品运输资质,车主是广州市金越城化工有限公司。经初步调查分析,引发本次事故的原因为化学性质禁忌物混载引起化学反应所致。具体为装载的硝酸铵钙与漂白粉洒漏引起反应,产生的热量引燃了包装物。

有关部门已分别对违规运送危险化学品的肇事司机和金越城化工公司罚款2万和7万元。本次事故没有造成人员伤亡,没有引起火灾和爆炸,没有造成环境污染。事故的直接经济损失为3571元。

【思考】
(1)此次事故在运输危险品时应注意什么?
(2)此次事故对企业有哪些警示?

案例分析 4-2

宝华物流公司:打造危险品运输行业的标杆企业

2006年3月28日,投资2.8亿的江苏省镇江市宝华物流有限公司隆重开业,这是华东地区新成立的重量级也是镇江市最大的专业危险品运输企业。宝华物流公司与沃尔沃卡车公司及中集集团凭借各自强项,基于共识,联手打造危险品运输行业的标杆企业。

沃尔沃卡车公司提供其高质量的卡车及"全金程"全面物流解决方案,中集集团提供其先进的挂箱、罐体,宝华物流公司是高品质运输设备的拥有者、使用者,也是沃尔沃卡车公司"全金程"全面物流解决方案的实践者。

宝华物流公司将肩负社会和市场的双重使命,以高标准、高起点进入中国危险品运输市场。宝华旗下的业务包括:物流规划、货物运输、分销配送、储存信息服务等一系列专业物流服务;公司核心目标是致力发展成为国内危险品运输行业的标杆企业,而沃尔沃卡和中集则是其滚滚向前的两架马车。

(1) 高端配置确保运输高品质

危险物品运输对宝华物流有限公司是一个新的课题。危险品运输的特殊性,对车辆提出更高的要求。为此,宝华物流公司几乎考察了所有品牌的卡车经销商,几经比较,最终青睐于沃尔沃的"全金程"全面物流解决方案。宝华物流公司考察了许多卡车经销商发现多数卡车经销商卖的仅仅是卡车,而沃尔沃卖的却是高完好率卡车及让企业安全、高效运营的"兵法"。基于此,宝华物流有限公司已购入30台沃尔沃(VOLVO)牵引车和35台挂车。

"好马配好鞍",在物流行业中沃尔沃和中集的合作堪称珠联璧合。基于此,宝华物流选中沃尔沃卡车作为运输主打车型后,便又将罐式集装箱合作之手伸向了国内集装箱生产企业的巨头—中集集团。装备精良的宝华物流公司已于2006年第一季度正式投入营运;二期新增70台沃尔沃牵引车和150台挂车及罐车集装箱,于2006年第二季度全波投入营运。

(2) "全金程"护佑运输确保万无一失

沃尔沃卡车公司的"全金程"全面物流解决方案最独特妙处在于能够针对不同行业提供不同解决方案。危险品货物运输过程中存在着很高的风险性,"全金程"全面物流解决方案在运输设备保障、运输流程优化、运输管理等方面都有严格的保障体系。危险品运输行业为客户服务的特点是需要较高的准点率,而沃尔沃卡车的精准性、高性能完好率能有效确保高效、准时、准点。危险品运输需要车辆具有较高的减震性能,而沃尔沃卡车采用世界一流的空气悬挂技术,进一步提高了公路运输的安全性和稳定性。

为了加强运输途中的监控管理制度,沃尔沃卡车配置的全球定位系统(GPS),可对所有在途车辆进行实时监控。为了更加安全、快捷地运输危险化学品,公司特配置有专用的应急车辆,为可能发生的一切事故提供应急救援和维修服务。公司设备齐全、场地设计合理,进一步确保了企业硬件方面的高安全性。

由于危险品运输大部分运输距离较长,针对物流车辆的售后服务的要求水准也非同一般。沃尔沃卡车"全动感"售后服务品牌凝聚了"八全"效能(即全覆盖、全天候、全速度、全配件、全质量、全保鲜、全心意、全贵族),透视品牌核心可以发现,沃尔沃的4S店、移动服务车、GPS构建成一张巨大的、无缝隙的全覆盖服务网络;如果车辆在危险品运输过程中出现故障，将会增加公路以及周边环境的安全隐患，并将导致断货现象，沃尔沃卡车现代化智能设备的移动服务车的快速反应、计算机诊断系统的准确判断、服务工程师的专业操作，能够确保在最短时间内让客户的客车正常运转。沃尔沃卡车的预设性保养系统(VOSP)针对车辆的运行条件和状况，量身定制了全面的保养方案，保障了沃尔沃卡车的高完好率。沃尔沃卡车的全动感中心，将通过网络界面平台，连通全国各地的经销商，对全动感服务实行闭环跟踪、监督管理，全面保障沃尔沃卡车的正常运行。

(3) 实行科学管理让安全运输扣上双保险

危险品运输是特殊的物流系统，为确保运输安全，"全金程"全面物流解决方案为宝华物流公司制定了一套现代化的管理模式、科学的调度监控模式、规范化的运作模式，严格的人员培训考核和奖惩机制等，"全金程"要求不放过任何微小的安全隐患，从源头上杜绝意外事故的发生。根据"全金程"的要求，宝华物流公司对所有的管理人员、驾驶员和押运员都定期进行安全培训和演练。要求驾驶员必须掌握危险品运输的安全知识，经政府交通部门考核合格，取得上岗资格证，方可上岗作业。驾驶员必须了解所运载的危险物品的性质，必须配备应急处理器材和防护用品。此外，"全金程"还为宝华物流公司制定了完善合理的应急处理预案，以确保快速、及时地避免一切安全事故。

市场和行业规范日益健全的危险品运输系统，沃尔沃卡车公司、中集集团将辅助宝华物流有限公司雄心勃勃地争做危险品运输行业的标杆企业。

【思考】

(1) 宝华物流公司的生命线是什么？

(2) 危险品运输包括哪些物品？

(3) 从事危险运输在安全方面要特别注意哪些方面？

(4) 哪些因素是使宝华公司成为危险品运输行业的标杆企业的关键？

【案例分析解析】

一般而言，任何一个企业不是做所有的行业或某一行业所有市场的业务，尤其是一家新进入的企业，或有高新技术、或有雄厚资金、或有采购优势等，方可便利地在行业内立足，如果以上优势都不具备，则可以独到的眼光进入市场。

我们周围有传统的运输、仓储、信息部、国际货代企业，也有现代的第三方物流企业。经济成分有国营、个体民营、外资。分析这些企业所在的子市场，不难发现危险品运输市场单位获利高，专门经营的企业不多，市场竞争缓和，实属接近市场空白。

宝华物流公司有一个区别于其他物流公司的发展战略，核心目标是致力发展成国内危险品运输行业的标杆企业，这就要求其标准高、起点高，所以"强强联合"就应运而生，选购沃尔沃的卡车及"全金程"全面物流解决方案，选购中集集团的挂箱、罐体。

宝华物流公司处于开业初期，设备投资是分期分批进行的，第一期只购入沃尔沃牵引车30台，第二期70台等。

单元4　特种货物运输组织

从事危险品运输,安全问题是重中之重,宝华物流公司从运输设备的选用就看中了沃尔沃车辆的空气悬挂技术,以及严把选聘驾驶人员的资质关,从源头上做到安全工作"只有起点、没有终点",对待安全工作来不得丝毫马虎和大意。安全管理的内容见图4-23。

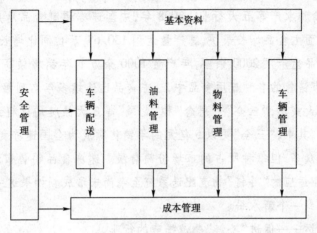

图4-23　安全管理的内容

沃尔沃公司为宝华物流公司定制的"八全"核能及应急处理预案等,在硬件的售后服务方面,为宝华物流公司的发展奠定了基础。

物流中的运输,尤其是危险品运输,安全工作是保证,设备及配套服务更是重中之重。

案例分析4-3

鲜活食品"冷链"物流

据专家预测,未来10年世界速冻食品的消费量将占全部食品的60%以上。与经济发达国家之间的明显差距表明,中国发展鲜活食品"冷链"物流潜力巨大,具有广阔的发展前景,冷冻冷藏食品行业正向更大的市场、更多的领域开拓。

肉制品行业——对"冷链"物流需求将经久不衰。

多年来,居民对冷鲜肉、分割肉及其延伸制品的需求量迅增,其主要原因包括:一是肉制品是广大居民日用生活品,且是重要蛋白食品。随着人口增长,肉类消费量不断增加。据预测2020年全国肉类(含猪、牛、羊和禽肉)的需求量将达到8306万t,其肉类延伸制品将由目前的250万t增长到2010年的1300万t,人均约10kg。二是肉制品行业集中度较高。目前,拥有丰富资源优势和独特区位优势的是山东、河南两省。山东省肉类加工企业162家、河南139家。两者合计占全国肉制品销售总额的比重高达60%。三是进入新世纪以来,居民肉类消费发生了明显的结构变化,呈现新的发展趋势(从冷冻肉变化到热鲜肉,再从热鲜肉转变到冷鲜肉,形成了"热鲜肉广天下,冷冻肉争天下,冷鲜肉甲天下"的局面)。四是肉制品行业发展势头旺盛。2010年,全国屠宰及肉制品加工业规模以上企业实现销售收入2701亿元,同比增长21.53%,利润率上升。与此相应,肉制品"冷链"物流进入持续增长期。

速冻主食品——"冷链"物流方兴未艾的行业。

据不完全统计,自2005年以来,中国速冻食品的产量以20%的速度递增,近三年来甚至以35%的高速度递增,远高于全球9%的平均增长速度。迄今,中国速冻食品已经涵盖粮油、水果、蔬菜、畜禽和水产等五大行业。2008年,中国速冻调制食品总产量达到350万t。其中,全国速冻米、面主食品增长最快,总产量达到130.67万t,同比增长23.68%。目前全国现有各类速冻食品生产厂2000余座,年产量1000余万t,年销售额高达100多亿元。同时,在全国连锁超市销售的各种日用食品中,速冻食品已连续多年名列第一位。目前在中国速冻食品领域有两大集团,"三全"、"思念"和"龙凤"等三大品牌均以超过10%的市场占有率,雄踞第一集团。其中,"三全"更以5亿元的年销售额成为全国速冻食品市场的"龙头"。第二集团食品种类众多,但每种所占的市场份额有限。速冻食品销售市场主要是超市和大卖场。然而,与之相适应的"冷链"物流配送系统至今尚未形成。如果这一条件得到满足,将会把速冻食品提高到一个新水平。

乳制品冷藏冷运——促进"冷链"物流提速的行业。

自从20世纪90年代以来,中国以牛奶为主的乳制品进入快速发展时期。从1990年到2000年的10年间乳制品年均增长率高达12.1%,居世界首位。2008年,中国乳品总产量达到3290万t,人均牛奶产量达到21kg。然而,目前中国乳业产值占农业总产值的比例仅为1%上下,而经济发达国家已经超过20%以上,二者差距悬殊。另外,近年来,中国居民对液态奶的消费量提高更快,有利于乳制品产量的提高。在2005年,中国液态奶年产量仅有134万t,到2009年,全国液态奶总产量便迅增到800万t。短短4年时间,中国液态奶年产量增长了近6倍。然而,应该清醒看到,迄今中国液态奶消费主要集中在大中城市和经济发达地区,全国人均液态奶占有量仅6.2kg,数量很低。如果按照中国居民膳食指南提出的人均每日消费100g奶和奶制品的标准数量计算,全国人均每年消费奶类数量应达到36kg。故而,乳制品行业采取"冷链"物流方式进行运输和配送十分必要。

果蔬行业——急需快速发展"冷链"物流系统。

中国是世界上最大的水果、蔬菜生产国。2009年,全国水果总需求量达到7400万t,人均需求量为55.72kg。预计至2020年,中国水果总需求量将达到8000万t,人均需求量相应达到57.31kg。同年,中国蔬菜总需求量为29517万t,人均222.25kg。预计到2020年,中国蔬菜总需求量将达到30408万t,人均需求量相应为217.84kg。以苹果加工为例,由于原料充足、价格稳定,加工后又延长储存期和便于运输等因素,浓缩苹果汁每年以双位数增长。2010年,浓缩苹果汁生产能力达到2600t/h。2008年浓缩苹果汁出口达48.7万t,2009年比2008年又有大幅增长。再如蔬菜、水果罐头也是主要出口产品,占全球市场的1/6以上。水果和蔬菜是鲜活产品,通过发展"冷链"物流系统改善其储藏、运输和加工条件,可以减少损耗和浪费。

水产品——急需加强的"冷链"物流行业。

改革开放以来,中国逐步形成以出口为导向的水产品生产、加工体系。目前向150个国家(地区)出口水产品,其中向日、美、韩和欧盟市场的出口量占总出口量的82%以上。在出口的水产品中,深加工产品出口额占第一位,冻鱼及鱼片名列出口量第一位。水产品生产、加工和出口对"冷链"物流,包括冷冻、冷藏和冷运的技术设备等要求都很严格。特别是要求鱼类即捕捞即冷冻,以保证其新鲜和质量,克服上岸后再冷冻鱼产品已变质的问题。另外,水产品深加工无菌化的特点,需要包装容器和包装环境保持无菌化。然而,中国水产品无菌包装储藏与国外先进水平相比较存在较大差距。此外,水产品捕捞船舶陈旧,冷冻冷藏设施落后,冷藏运输能力不足,冷藏运输费用较高等,都很不适应水产业发展和水产品出口贸易的需要,加强这一薄弱环节势在必须。

冷饮行业——需要不断扩大"冷链"物流系统。

冷饮行业是中国一个广大的消费市场,其规模在不断扩大,然而,消费的季节性差异逐步消失。目前国内人均消费量仅为1.1kg,与世界1.3kg的人均消费量只差0.2kg,但与经济发达国家相比差距却很大。例如美国人均冷饮消费量已达40kg,是中国的36.4倍。悬殊的差距表明中国冷饮消费市场发展潜力巨大,与此相应的冷饮"冷链"物流发展前景也十分广阔。然而,要清醒看到,目前中国国内冷饮业进入微利时代,平均销售利润率居整个食品行业的末位,导致行业内市场竞争十分激烈。这为发展"冷链"物流系统提供了机遇。建立和健全冷饮行业"冷链"物流系统,实现细化运作,降低物流成本,通过现代"冷链"物流提高效益和增加利润大有希望。

【思考】
(1)冷链物流的优势?
(2)冷链物流对我国有哪些影响?前景如何?

 实训

(1)实训背景

负责冷藏货物运输的运输物流员运用冷藏货物的各种特性知识及储存、运输的保护方法,利用冷藏车或保冷车,以经济、安全、高效方式完成肉类、水产品、果蔬、冷饮、奶业及速冻品等冷鲜货物的运输工作,并让客户满意。

(2)实操过程

鲜活易腐货物运输任务的完成可参考下面的步骤。

步骤一:根据客户需求,清楚该鲜活易腐货物的自然属性及温度要求,弄清运输时限。

步骤二:确定运输车,即确定合适的冷藏车。

步骤三:检查车辆及设备的完好状态,根据货物的特点,确定其装载方法。

步骤四:根据货物的种类、运送距离、运送地方和运送季节确定运输服务方法。

步骤五:组织运输,对冷藏机温度进行控制和记录。

步骤六:到达目的地后办理交接。

(3) 模拟时间

模拟时间为2个课时。

(4) 角色扮演

由 5~7 人组成一个小组,实地或通过电话、网络找调研对象进行调研。注意事先确定调研对象和调研的内容和事先设计表格。

(5) 效果要求

熟练掌握运输方式选择的内容,熟练运用于实际中,通过调查整理有关资料选择最合适的运输方式,能够顺利地完成任务。

(6) 技能训练评价

利用已掌握的专业知识,实施完成本单元的学习任务。技能评价表见表4-13所示。

技能训练评价表 表4-13

学生姓名					
测评日期		测评地点			
测评内容	鲜活易腐货物的运输组织管理				
考评标准	内容	分值/分	自评	互评	师评
	知识运用熟练、准确,思路清晰,有创意。	30			
	语言表述流畅、完整	20			
	问题工作全面、合理、可行	20			
	工作态度认真,工作效率高	30			
	合计	100			
最终得分(自评30% + 互评30% + 师评40%)					

说明:测评满分为100分,60~74分为及格,75~84分为良好,85分以上为优秀。60分以下的学生,需重新进行知识学习、任务训练,直到任务完成达到合格为止。

单元5　运输业务管理

引言

物流运输成本管理在物流运输管理中占有重要地位，其水平高低直接影响着整个企业以及物流系统效益优劣。货物运输合理化可以充分利用运输能力，提高运输效率，节约运力和劳动力，避免不合理运输造成的大量人力、物力、财力的浪费。物流合理化是降低运输成本的重要途径。做好货物运输组织绩效评价，可以有效地改善物流企业绩效管理，促进物流企业整体管理水平的提高。

职业岗位职责

①能够对运输成本进行控制，使其达到最经济的状态。
②能够组织货物运输合理化并进行分析。
③能够计算货物运输组织绩效评价指标并进行分析。

核心能力及教学目标

- **知识目标**

①掌握运输成本的构成及控制运输成本常用方法。
②理解公路货物运输合理运输的内涵。
③掌握货物运输绩效考核的目的、原则。
④掌握货物运输评价的方法、步骤及评价指标。

- **能力目标**

①能够对运输成本进行控制，使其达到最经济的状态。
②能够组织货物运输合理化并进行分析。
③能够计算货物运输组织绩效评价指标并进行分析。

- **素质目标**

①培养良好的职业操守、严谨的工作作风。
②培养在紧急、异常情况时遇事不慌、处事不惊。

5.1 运输成本控制

引导案例

某物流公司财务部发现近期有几项运输业务的成本较往常有上升的趋势,于是将情况通告公司运输部门。物流公司经理要求运输主管对近期的运输业务费用支出情况按项目进行核算与分析并提交总结报告,提出整改方案。

运输企业在一定时间内完成一定客货运输量的全部费用支出,称该期运输总成本。单位运输产品分摊的运输费用支出,称单位运输产品成本,简称运输成本。

5.1.1 运输成本的构成

运输成本是制定货物运输价格的重要依据,其组成如图 5-1 所示。运输成本不包含原料费,但燃料、工资、折旧以及修理等项支出占的比重较大。在各种不同的运输工具或者运输方式之间,运输成本存在着一定的差别,也存在着各种比价关系。例如,铁路运输中货运有货物种类、整车、零担和集装箱等运输成本,客运有硬座、硬卧、软座、软卧等运输成本;水运有内河、沿海运输成本,也有按不同的航线计算的拖驳、油轮等运输成本;汽车运输除单车成本外,有的还计算分线路和区域的运输成本;民航除计算各种机型成本外,还计算专业飞行成本。合理的比价,对于货源分配、货物流向以及各种运输工具效率的充分发挥,起着十分重要的作用。

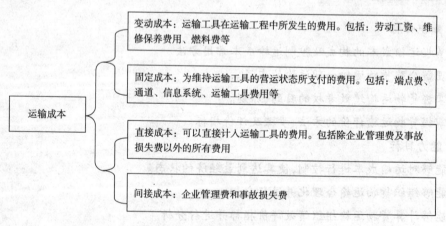

图 5-1 运输成本构成图

5.1.2 控制运输成本的方法

(1)减少运输环节

运输是物流活动过程中的主要环节,涉及装卸、搬运、包装等多种环节,增加不少成本。

因此,对有条件直运的,应尽可能采取直达运输。由产地直运到销地或用户,减少二次运输。同时,更要消除相向运输、迂回运输等不合理现象。

(2)合理选择运输工具

运输工具的经济性、迅速性、安全性和便利性之间存在着相互制约的关系。因此,在目前多种运输工具并存的情况下,必须注意根据不同货物的特点及对物流时效的要求,对运输工具特征进行综合评价,以便做出合理选择运输工具的策略,并尽可能选择廉价运输工具。

(3)制定最优运输计划

在企业到消费地的单位运费、运输距离以及各企业的生产能力和消费量都已确定的情况下,可用线性规划技术来解决运输的组织问题。如果企业的生产量发生变化,生产费用函数是非线性的,就应使用非线性规划来解决。属于线性规划性类型的运输问题,常用的方法有单纯形法和表上作业法。

(4)注意运输方式

采用零担凑整、集装箱、捎脚回空运输等方法,扩大每次运输批量,减少运输次数。采用合装整车运输是降低运输成本的有效途径。合装整车运输的基本做法有:零担货物拼整车直达运输、零担货物拼整车接力直达或中转分运和整车分拆和整车零担等。

(5)提高货物装载量

改进商品包装,压缩疏松的商品体积,并积极改善车辆的装载技术和装载方法,运输更多的货物。

提高装载率:一方面要最大限度地利用车辆载重吨位,另一方面是要充分使用车辆装载容积。具体的做法如:组织轻重配装以及对于体大笨重、不易装卸又容易碰撞致损的货物,如自行车、科学仪器等,可采取解体运输。同时加强计划工作,避免"货多车少"和"货少车多"的现象。

(6)优化仓库布局

从运输成本控制角度看,成本的降低是由于使用了仓库以达到最大的集运而取得的。

通过优化仓库布局即优化仓库网络达到运输成本最小化,建立一个仓库合理化的基本经济原则是集运。一个制造商通常在广泛的地理市场区域中出卖产品,如果客户的订货是少量的,那么集运的潜力可以使一个仓库在经济上实现合理化。

(7)推行直运战略

任何一个物流系统都必须考虑服务水平与成本这两项重要因素。直接运送战略似乎在服务及成本上都处于不利地位。因为直接运送比由当地的仓库送货至顾客要慢;而且,由于通常顾客的订购量都很小,因此运送成本也较高。

阅读材料

运输成本在物流总成本中所占比例非常大。在国际上，一般把物流成本划分为运输成本、保管成本和管理成本三部分。据中国物流采购联合会、中国物流信息中心统计，2003年1~9月份，社会物流总成本为16693亿元，其中运输成本为8228亿元，占物流总成本的49.3%。可以看出，降低运输总成本对降低社会物流总成本有着非常重要的意义。除产品采购成本外，运输成本在企业总成本构成中所占的比例越来越大，是成本消耗的最大物流活动，约占物流总成本的1/3~2/3。运输成本与产品的种类、装运的规模、距离直接相关。许多具有溢价服务特征的物流系统所依赖的高速度、小批量的运输是典型的高成本运输。要减少运输成本，就要实现整合运输。一般来说，运输规模越大，运输距离越长，则单位运输成本就越低，这就需要把小批量的运输聚集成集中的、具有较大批量的整合运输。由于运输具有十分重要的意义和可见成本，几乎所有的企业都派经理人员负责运输。

5.2 运输合理化

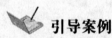
引导案例

（1）某物流公司下属各业务部门把组织到的货物报到调度部门的张经理手里，现在张经理必须对这些货物进行运输方案的制定，以保证在满足具体的运输要求时，使运输成本达到最低，张经理应如何制订具体运输方案。

（2）小王从温州购买了100箱鞋子，准备运往乌鲁木齐销售。他雇了一辆15t的载货汽车运输。（不合理。浪费了15T整车运输的额定载重，应选择与其他重货一起拼车）

5.2.1 运输合理化及其意义

（1）运输合理化的概念

按照商品流通规律、交通运输条件、货物合理流向、市场供需情况，使运输中行驶里程最短、环节最少、动力最宜、费用最低、速度最快，将货物从生产地运到消费地。即用最少的劳动消耗，运输更多的货物，取得最佳的经济效益。

（2）运输合理化的意义

①可以充分利用现有运输工具的装载能力和环境资源，提高运输效率，促进各种运输方式的合理分工，以最小的社会运输劳动耗费，及时满足国发经济的运输需要。

②可以选择最佳的运输路线，减少运输环节，以最快的时间和速度到达目的地，从而加速货物流通，既可及时供应市场，又可降低物资部门的流通费用，加速奖金周转，减少货物损差，取得良好的社会效益和经济效益。

③可以充分发挥运输工具的效能，节约运力和劳动力，消除运输中的浪费现象，提高商品的运输质量。

（3）影响物流运输合理化的因素

物流运输合理化，是由各种经济的、技术的和社会的因素相互作用的结果。影响物流运输合理化的因素主要有以下五种。

①运输距离。运输时间、运输货损、运费、车辆周转等若干技术经济指标，都与运输距离有一定比例关系。运输距离长短是运输是否合理的一个最基本因素。因此，物流公司在组织商品运输时，首先要考虑运输距离，尽可能实现运输路径优化。

②运输环节。因为运输业务活动，需要进行装卸、搬运、包装等工作，多一道环节，就会增加起运的运费和总运费。因此，减少运输环节，尤其是同类运输工具的运输环节，对合理运输有促进作用。

③运输时间。"时间就是金钱，速度就是效益"。运输不及时，容易失去销售机会，造成商品积压和脱销，尤其是在国际贸易市场。

④运输工具。各种运输工具都有其使用的优势领域。对运输工具进行优化选择，要根据不同的商品特点，分别利用不同的运输工具，选择最佳的运输线路，合理使用运力，以最大发挥所用运输工具的作用。

⑤运输费用。运费在全部物流费用中占很大比例，是衡量物流经济效益的重要指标，也是组织合理运输的主要目的之一。

上述因素，既相互联系，又相互影响，甚至有的还相互矛盾，如运输时间短了，费用却不一定省。这就要求进行综合分析，寻找最佳方案。在一般情况下，运输时间快，运输费用省。是考虑合理运输的关键，集中体现了物流过程中的经济效益。

（4）合理运输的标志

从整个物流系统的观点来看，有三个因素对运输合理化来讲是十分重要的，即运输成本、运输速度和运输一致性，并被视为运输合理化的重要标志，如表5-1所示。运输管理的目标是使最终的运输成本最低，因此要根据实际情况，考虑多个因素的影响，形成低成本、高质量的运输。

表5-1 合理运输标志

标志	主要内容	达到的要求
运输成本	为两个地理位置的运输所支付的款项以及行政管理和维持运输中的存货有关的费用	考虑物流系统运输总成本最低，不仅仅是最低运输费用
运输速度	完成特定的运输所需要的时间	在加快运输服务的速度和降低服务成本之间找到平衡点
运输一致性	在若干次装运中履行某一特定的运次所需要的时间与原定时间或与前几次运输所需时间的一致性，是运输可靠性的反映	在运用相关信息技术的条件下，保证运输的一致性，同时还要将运输速度和一致性相结合

5.2.2 不合理运输的表现

物流不合理运输是针对合理运输而言的。不合理运输是违反客观经济效果,违反商品合理流向和各种动力的合理分工,不充分利用运输工具的装载能力,环节过多的运输是导致运力紧张,流通不畅和运费增加的重要原因,不合理的运输,一般有以下几个方面。

(1)对流运输

对流运输是指同一种物资或两种能够相互代用的物资,在同一运输线或平行线上,作相对方向的运输,与向对方向路线的全部或一部分发生对流。对流运输又分两种情况:一是明显的对流运输,即在同一运输线上对流。如一方面把甲地的物资运往乙地,而另一方面又把乙地的同样物资运往甲地,产生这种情况大都是由于货主所属的地区不同企业所造成的,如图5-2所示。二是隐蔽性的对流运输,即把同种物资采用不同的运输方式在平行的两条路线上,朝着相反的方向运输,如图5-3所示。

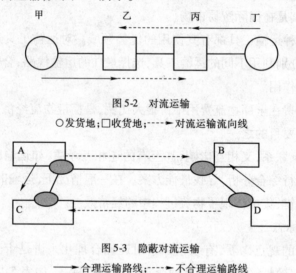

图5-2 对流运输

○发货地;□收货地;----→对流运输流向线

图5-3 隐蔽对流运输

——→合理运输路线;----→不合理运输路线

(2)倒流运输

倒流运输是指物资从产地运往销地,然后又从销地运回产地的一种回流运输现象。倒流运输有两种形式:一是同一物资由销地运回产地或转运地;二是由乙地将甲地能够生产且已消费的同种物资运往甲地,而甲地的同种物资又运往丙地。如图5-4所示。

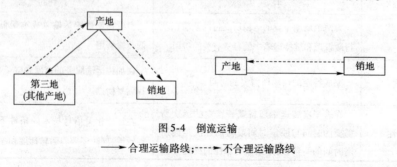

图5-4 倒流运输

——→合理运输路线;----→不合理运输路线

(3) 迂回运输

迂回运输是指物资运输舍近求远绕道而行的现象。物流过程中的计划不同、组织不善或调运差错都容易出现迂回现象。如图 5-5 所示。

(4) 重复运输

重复运输是指某种物资本来可以从起运地一次直运达到目的地,但由于批发机构或商业仓库设置不当,或计划不周,人为地运到中途地点(例如中转仓库)卸下后,又二次装运的不合理现象,重复运输增加了一道中间装卸环节,增加了装卸搬运费用,延长了商品在途时间。如图 5-6 所示。

(5) 过远运输

过远运输是指舍近求远的运输现象。销地本可以由距离较近的产地供应物资,却从远地采购进来。工产品不是就近供应消费地,却调给较远的其他消费地,违反了近产近销的原则。由于某些物资的产地与销地客观上存在着较远的距离,这种远程运输是不合理的。如图 5-7 所示。

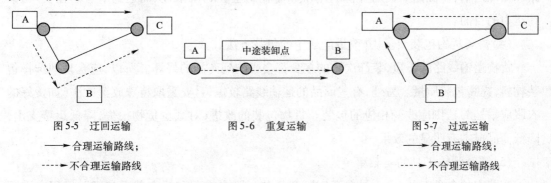

图 5-5　迂回运输　　　　　　　图 5-6　重复运输　　　　　　　图 5-7　过远运输
⟶合理运输路线;　　　　　　　　　　　　　　　　　　　　⟶合理运输路线;
----▶不合理运输路线　　　　　　　　　　　　　　　　　　----▶不合理运输路线

(6) 运力选择不当

选择运输工具时,未能运用其优势,如弃水走陆(增加成本)铁路和大型船舶的过近运输,运输上具承载能力不当等。

(7) 托运方式选择不当

如可以选择整车运输却选择了零担,应当直达却选择了中转运输,应当中转却选择了直达等,没有选择最佳托运方式。

(8) 空驶

造成空驶的主要原因有利用自备车送货提货,往往是单程重车、单程空驶或由于工作失误或计划不周,造成货源没有落实,车辆空去空回,导致双程空驶。

(9) 无效运输

即不必要的运输,它不仅浪费了大量的运输能力,而且还往往人为地夸大了生产单位的成果,使消费者不能按质按量地得到价格适当的产品。消除无效运输具有十分惊人的效果。如人庆石油增设了原油脱水设备使原油含水量由 7% 下降到 2%,一年就消除了 18 万 t 的无效运输,由此可减少用罐车 4500 辆,节约费用 500 万元。

5.2.3 物流运输合理化的有效措施

运输合理化是一个系统分析过程,常采用定性与定量相结合的方法,对运输的各个环节和总体进行分析研究,研究的主要内容和方法主要有以下几点。

(1)合理选择运输方式

各种运输方式都有适宜的使用范围和不同的技术经济特征,选择时应进行比较和综合分析。首先,要考虑运输成本的高低、运行速度的快慢甚至还要考虑商品的好坏,数量的大小、运距的远近、货主需要的缓急及风险大小。

(2)合理选择运输工具

根据不同商品的性质、数量选择不同类型,额定吨位及对温度、湿度等有要求的运输车辆。

(3)正确选择运输线路

运输线路的选择,一般应尽量安排直达、快速运输,尽可能缩短运输时间,否则可安排沿路和循环运输,以提高车辆的容积利用率和车辆的里程利用率,从而达到节省运输费用,节约运力的目的。

(4)提高货物包装质量,并改进配送中的包装方法

货物运输线路的长短,装卸次数的多少都会影响到商品的好坏。所以,应合理地选择包装物料,提高包装质量。另外,有些商品的运输线路较短,且要采取特殊放置方法(如烫好的衣服应垂挂等),则应改变相应的包装。货物包装的改进,对减少货物损失,降低运费支出,降低商品成本有明显的效果。

(5)提高运输工具的实载率

实载率的含义有两个:一是单车实际载重与运距之乘积和标定载重与行驶里程之乘积的比率,在安排单车、单船运输时,它是判断装载合理与否的重要指标;二是车船的统计指标,即在一定时期内实际完成的货物周转量(t·km)占载重吨位与行驶公里乘积的百分比。

提高实载率如进行配载运输等,可以充分利用运输工具的额定能力,减少空驶和不满载行驶的时间,减少浪费从而实现运输的合理化。

(6)减少劳力投入,增加运输能力

运输的投入主要是能耗和基础设施的建设。在运输设施固定的情况下,尽量减少能源动力投入,从而大大节约运费,降低单位货物的运输成本,达到合理化的目的。如在铁路运输中,在机车能力允许的情况下,多加挂车皮;在内河运输中,将驳船编成队行,由机运船顶推前进;在公路运输中,实行汽车挂车运输,以增加运输能力等。

(7)发展社会化的运输体系

发展社会化运输的大生产优势,实行专业化分工,打破物流企业自成运输体系的状况。单个物流公司车辆自有,自我服务,不能形成规模,且运量需求有限,难于自我调剂,经常容易出现空缺,运力选择不当,不能满载等浪费现象,且配套的接、发货设施、装卸搬运设施也

很难有效的运行。实行运输社会化,可以统一安排运输工具,避免对迂回、倒流、空驶,运力选择不当等多种不合理方式,不但可以追求组织效益,而且可以追求规模效益。发展社会化的运输体系是运输合理化的非常重要的措施。

(8) 开展中短距离铁路公路分流

在公路运输经济里程范围内,应利用公路运输。这种运输合理化的优越性表现主要有两点:一是对于比较紧张的铁路运输,用公路分流后,可以得到一定程度的缓解,从而加大这一区段的运输通过能力;二是充分利用公路从门到门和在中途运输中速度快且灵活机动的优势,实现铁路运输难以达到的水平。目前,在杂货、日用百货及煤炭等货物运输中较为普遍的运用公路运输,一般认为,目前的公路经济里程为 200~500km,随着高速公路的发展、高速公路网的形成、新型与特殊货车的出现,公路的经济里程有时可达 1000km 以上。

(9) 尽量发展直达运输

直达运输,就是在组织货物运输过程中,越过商业、物资仓库环节或交通中转环节,把货物从产地或起运地直接运到销地或用户,以减少中间环节。直达的优势,尤其是在一次运输批量和用户一次需求量达到了一整车时表现最为突出。此外,在生产资料、生活资料运输中,通过直达,建立稳定的产销关系和运输系统,有利于提高运输的计划水平。

近年来,直达运输的比重逐步增加,它为减少物流中间环节创造了条件。特别需要一提的是,如同其他合理化运输一样,直达运输的合理性也是在一定条件下才会有所表现。如果从用户需求来看,批量大到一定程度,直达是合理的,批量较小时中转是合理的。

(10) 配载运输

配载运输是充分利用运输工具载重量和容积,合理安排装载的货物及方法以求合理化的一种运输方式。

配载运输往往是轻重商品的合理配载,在以重质货物运输为主的情况下,同时搭载一些轻泡货物,如海运矿石、黄沙等重质货物,在上面捎运木材、毛竹等,在基本不增加运力的情况下,在基本不减少重质货物运输的情况下,解决了轻泡货的搭运,因而效果显著。

(11) 提高技术装载量

依靠科技进步是运输合理化的重要途径。它一方面是最大限度的利用运输工具的载重吨位,另一方面是充分使用车船装载容量。其主要做法有如下几种:如,专用散装及罐车,解决了粉状、液体物运输损耗大、安全性差等问题;袋鼠式车皮,大型拖挂车解决了大型设备整体运输问题;集装箱船比一般船能容纳更多的箱体,集装箱高速直达加快了运输速度等。

(12) 进行必要的流通加工

有不少产品由于产品本身形态及特性问题,很难实现运输的合理化,如果针对货物本身的特性进行适当的加工,就能够有效解决合理运输的问题。例如将造纸材在产地先加工成纸浆,后压缩体积再进行运输,则更为经济。

阅读材料

通过管理革新实现物流运输合理化

三星集团是韩国历史上最古老、规模最大的家族财团之一。集团经营的产品多种多样，无所不包，小到饼干、糕点，大至汽车、飞机，几乎遍及经济生活的各个领域。中国三星电子的生产经营活动是目前中国三星在华最大的业务部分。三星电子的生产、销售和服务网络遍及北京、天津、山东、上海、江苏、浙江、广东、香港、台湾等地区。

三星公司从1989年到1993年实施了物流运输工作合理化革新的第一个五年计划。这期间，为了减少成本和提高配送效率进行了"节约成本200亿"、"全面提高物流劳动生产率运动"等活动，最终降低了成本，缩短了前置时间，减少了40%的存货量，并使三星公司获得首届韩国物流大奖。

三星公司从1994年到1998年实施物流运输工作合理化革新的第二个五年计划，重点是将销售、配送、生产和采购有机结合起来，实现公司的目标。即将客户的满意程度提高到100%，同时将库存量再减少50%。为了这一目标，三星公司进一步扩展和强化物流网络，同时建立一个全球性的物流链使产品的供应路线最优化，并设立全球物流网络上的集成订货—交货系统，从原材料采购到交货给最终客户的整个路径上实现物流和信息流一体化。这样客户就能以更低的价格得到更高质量的服务，从而对企业更加满意。基于这种思想，三星公司物流工作合理化革新小组在配送选址、实物运输、现场作业和信息系统四个方面进行物流革新。

(1) 配送选址革新措施

为了提高配送中心的效率和质量，三星公司将其划分为产地配送中心和销地配送中心。前者用于原材料的补充，后者用于存货的调整。对每个职能部门都确定了最优工序，配送中心的数量被减少，规模得以最优化，便于向客户提供最佳的服务。

(2) 实物运输革新措施

为了及时地交货给零售商，配送中心在考虑货物数量和运输所需时间的基础上确定出合理的运输路线。同时，一个高效的调拨系统也被开发出来，这方面的革新加强了支持销售的能力。

(3) 现场作业革新措施

为使进出工厂的货物更方便快捷地流动，公司建立了一个交货地点查询管理系统，可以查询货物的进出库存频率，高效地配置资源。

(4) 信息系统革新措施

三星公司在局域网环境下建立了一个通信网络，并开发了一个客户服务系统，公司集成系统(SAPR)的三分之一投入物流中使用。由于将生产、配送和销售一体化，整个系统中不同的职能部门能达到信息共享。客户如有涉及物流的问题，都可以通过实行订单跟踪系统得到回答。

另外，随着客户环保意识的增强，物流工作对环境保护负有更多的责任，三星公司对客户许诺保护环境，建立了一个全天开放的由回收车组成的回收系统，重新利用废品，提升企业在客户心目中的形象，有利于企业的经营。

【思考】
(1)物流中运输不合理的表现主要有哪些?
(2)结合阅读材料分析物流运输合理化革新对公司物流运作的积极作用。
(3)评述运输合理化的五种主要形式及适用范围。

5.3　货物运输组织绩效评价

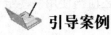引导案例

我的企业到底做得怎样

青海省西宁市某物流运输企业拥有 22 辆普通的 8t 货车。2012 年,该公司完成货运量 2 万 t,周转量 500 万 t·km,耗油 20 万 L。运费收入 350 万元,赔偿客户损失 3 万元,年末利润达 50 万元。公司总经理对此沾沾自喜,认为企业经济效益良好。您认为该公司运输做得如何?

【引导思路】
(1)货物运输组织的绩效评价要全面。
(2)评价结果要与类似企业进行比较。

◀5.3.1　货物运输组织绩效评价

(1)货物运输组织绩效评价的内涵

货物运输组织绩效评价是指对货物运输活动或运输过程的绩效评价,一般是按照统一的评价标准,采用一定的指标体系,按照一定的程序,运用定性和定量的方法,对一定时期内运输活动或过程的效益和效率做出的综合判断。货物运输组织绩效评价是运输企业及其他相关企业进行绩效管理的主要环节,是管理者了解运输活动效果的基本手段,也是加强企业管理的一种方法。

(2)货物运输组织绩效评价的目的

①以各部门(车队、搬运装卸队)或各作业员(驾驶员、搬运装卸人员)为对象,评估其作业的实绩,以促进其责任意识及目标达成意识,有利于提高公司的整体业绩。

②衡量各部门员工对企业的贡献程度,提高成本及利益意识,达到精兵简政。

③整合公司目标与员工的个人目标,激发员工干劲。

(3)货物运输组织绩效评价的原则

①目的性原则。绩效指标的选择应能正确地反映货物运输组织效果带来的企业整体经济效益和运输活动绩效,即所选指标应科学合理地评价运输活动的作业过程以及投入、产

出、成本费用等客观情况。

②系统性原则。运输活动由许多环节或过程组成,它会受到来自人、财、物、信息、服务水平等因素及其组合效果的影响,因此选择绩效评价指标必须系统地、全面地考虑所有影响运输绩效的因素,以保证评价的全面性和可信度。

③层次性原则。指标应分出评价层次,在每一层次的指标选取中应突出重点,要对关键的绩效指标进行重点分析。

④定性指标与定量指标相结合的原则。由于运输组织的绩效涉及的客户满意度等方面很难进行量化,所以评价指标体系除了要对运输管理的绩效进行量化外,还应当使用一些定性的指标对定量指标进行修正,以保证绩效评价的全面性、客观性。

⑤可操作性原则。就是使各项指标尽量含义清晰、简单规范、操作简便,同时,能够符合运输活动的实际情况,并与现有统计资料、财务报表兼容,以提高实际评价的可操作性和整个绩效评价的效率。

⑥可比性原则。评价指标体系所涉及的经济内容、时空范围、计算口径和方法都应有可比性,所以在建立评价体系的时候要参照国际和国内同行业的物流管理基准。

(4)绩效评价的步骤

①建立健全评价机构。评价机构分工明确、权责分明、科学组成。

②调查评价对象的全面情况。收集评价对象全部数据资料,全面反映被评价对象的物流运输活动计划、目标、相关组织、人员以及相关环境条件。

③明确评价目标及原则。评价原则有突出重点原则、建立完善指标体系原则,尽可能采用实时分析和评价方法,保证系统评价的客观性。

④确定评价内容。主要包括:物流运输成本、物流服务质量、物流运输能力、中转时间、物流服务的能力、处理提货单据等运输凭证情况和与客户的合作关系等。

⑤制定评价标准。具体可分为历史标准、标杆标准和客户标准。

⑥建立评价指标体系。

⑦选择评价方法。

⑧实施绩效评价,撰写评价报告。

5.3.2 货物运输组织绩效评价方法

货物运输组织绩效评价的方法,是依据评价指标和评价标准以及评价目标、实施费用、评价效果等方面因素来判断运输绩效评价的具体手段。评价方法及其应用是否正确,将会影响到评价结论是否客观、准确。通常用的评价方法有专家评价法、层次分析法和模糊综合评价法等。

(1)专家评价法

这是出现较早且应用较广的一种评价方法。它是在定量和定性分析的基础上,以打分等方式做出定量评价,其结果具有数理统计特性。最大的优点是能够在缺乏足够统计数据和原始资料的情况下,可以做出定量估计。

专家评价法的主要步骤是:首先,根据评价对象的具体情况选定评价指标,对每个指标均定出评价等级,每个等级的标准用分值表示;然后,以此为基准,由专家对评价对象进行分析和评价,确定各个指标的分值,采用加法评分法、乘法评分法或加乘评分法求出每个评价对象的总分值,从而得到评价结果。

专家评价的准确程度,主要取决于专家的阅历经验以及知识丰富的广度和深度。要求参加评价的专家对评价的系统具有较高的学术水平和丰富的实践经验。总的来说,专家评分法具有使用简单、直观性强的特点,但其理论性和系统性尚有欠缺,有时难以保证评价结果的客观性和准确性。

(2)层次分析法

层次分析法,是指将一个复杂的多目标决策问题作为一个系统,将目标分解为多个目标或准则,进而分解为多指标(或准则、约束)的若干层次,通过定性指标模糊量化方法算出层次单排序(权数)和总排序,以作为目标(多指标)、多方案优化决策的系统方法。

在货物运输过程中,往往会遇到决策的问题,比如运输线路如何合理选择、车辆如何合理积载等。在决策者做出决定以前,必须考虑很多方面的因素或者判断准则,最终通过这些准则做出选择。比如选择到达一个客户,可以从各个方向到达,在进行选择时,必须考虑的一些因素是:运输费用、运输里程、客户要求到达时间、交通堵塞等。这些因素是相互制约、相互影响的。这些决策系统中很多因素之间的比较往往无法用定量的方式描述,此时需要将半定性、半定量的问题转化为定量计算问题。层次分析法是解决这类问题行之有效的方法。层次分析法将复杂的决策系统层次化,通过逐层比较各种关联因素的重要性来为分析、决策提供定量的依据。

层次分析法是将决策问题按总目标、各层子目标、评价准则直至具体的备择方案的顺序分解为不同的层次结构,然后再用求解判断矩阵特征向量的办法,求得每一层次的各元素对上一层次某元素的优先权重,最后再用加权和的方法递阶归并各备择方案对总目标的最终权重,最终权重最大者即为最优方案。这里所谓"优先权重"是一种相对的量度,它表明各备择方案在某一特点的评价准则或子目标下优越程度的相对量度,以及各子目标对上一层目标而言重要程度的相对量度。层次分析法比较适合于具有分层交错评价指标的目标系统,而且目标值又难于定量描述的决策问题。用法是构造判断矩阵,求出其最大特征值及所对应的特征向量,归一化后,即为某一层次指标对于上一层次某相关指标的相对重要性权值。

(3)模糊综合评价法

模糊综合评价法是一种基于模糊数学的综合评标方法。该综合评价法根据模糊数学的隶属度理论把定性评价转化为定量评价,即用模糊数学对受到多种因素制约的事物或对象做出一个总体的评价。它具有结果清晰、系统性强的特点,能较好地解决模糊的、难以量化的问题,适合各种非确定性问题的解决。但它不能解决相关评价指标间造成的信息重复问题,并且权重的确定带有主观性。

模糊综合评价法最显著的特点是:

①可相互比较。以最优的评价因素值为基准,其评价值为1,其余欠优的评价因素依据欠优的程度得到相应的评价值。

②可以依据各类评价因素的特征,确定评价值与评价因素值之间的函数关系(即:隶属度函数)。确定这种函数关系(隶属度函数)有很多种方法,例如,F统计方法,各种类型的F分布等。当然,也可以请有经验的评价专家进行评价,直接给出评价值。在评价指标确定的过程中,应依据评价项目的具体情况,有重点地选择评价因素,科学地确定评价值与评价因素值之间的函数关系以及合理地确定评价因素的权重。

模糊综合评价法的步骤:

设定各级评价因素(F):第一级评价因素可以设为:价格、费用、运输质量、交货期等。依据第一级评价因素的具体情况,如需要,可设定下属的第二级评价因素。

确定评价细则:即确定评价值与评价因素值之间的对应关系(函数关系)。

设定各级评价因素的权重(W)分配:分配时应注意第一级评价因素的权重之和为1。各级各个评价因素下属的下一级评价因素的权重之和为1。当没有说明评价因素的权重分配时,实际上是具有相同的权重。

评价:评价者按照前面确定的评价因素、评价细则及权重进行综合评议。综合评议步骤如下。

a. 对第一级评价因素所属最下一级评价因素进行评议。

b. 计算平均评价值:平均评价值(E_p)=各评委的评价值之和除以评委人数。

c. 逐级计算上一级评价因素的评价值,计算至第一级评价因素。

d. 计算第一级评价因素的加权评价值:第一级评价因素的评价值×权重。

e. 计算第一级评价因素的综合评价值:第一级评价因素的加权评价值之和。

◀ 5.3.3 货物运输组织绩效评价指标体系

评价指标体系,就是评价运输活动的具体指标及其体系。货物运输组织绩效指标可以按照运输服务质量、运输量、运输效率以及运输成本与效益等方面来分别设立。目前常用的货物运输组织绩效评价指标体系如表5-2所示。

在实际运输活动中,可综合考虑运输活动的目标与任务、运输货物特点、运输环境、运输能力、客户要求等方面的因素,具体确定各项评价指标及其主次顺序,形成完整的、相互衔接的指标体系,以获得良好的评价效果。

常用物流运输绩效评价指标体系 表 5-2

评价项目	评价指标	计算公式
服务质量	安全性	事故频率(次/万 km) = $\dfrac{报告期事故次数}{报告期总运输千米数/10000}$
		运输赔偿率 = $\dfrac{损失货物赔偿总金额}{运输货物总价值} \times 100\%$
		货损货差率 = $\dfrac{货损货差吨数}{办理发运货物总吨数} \times 100\%$
		安全间隔里程 = $\dfrac{报告期总运输千米数/10000}{报告期事故次数}$
	时效性	正点运输率 = $\dfrac{正点营运次数}{营运总次数} \times 100\%$
	方便性	货物直达率 = $\dfrac{直达票号数}{同期票号数} \times 100\%$
		一票运输率 = $\dfrac{一票运输票号数}{同期票号数} \times 100\%$
		简易受托率 = $\dfrac{统计期内简便受托业务件数}{统计期内业务受理总件数} \times 100\%$
	准确性	差错率 = $\dfrac{统计期内受托业务的差错件数}{统计期内业务受理的总件数} \times 100\%$
	经济性	运费[元/(t·km)] = 运价×运距 + 附加费
运输量	货物运量	货物运输量 = $\dfrac{商品件数 \times 每件货物毛重}{1000}$ (t)
	货物周转量	货物周转量 = $\dfrac{货物运量 \times 该批货物运距}{10000}$ (万 t·km)
运输效率	时间利用	车辆工作率 = $\dfrac{计算期营运车辆工作车日}{同期营运车辆总车日} \times 100\%$
		车辆完好率 = $\dfrac{计算期营运车辆完好车日}{同期营运车辆总车日} \times 100\%$
		平均车日行程 = 总行程/工作车日
		出车时间利用率 = 纯运行时间/出车时间
	载质量利用	吨位利用率 = $\dfrac{计算期完成货物周转量}{同期载货行程载质量} \times 100\%$
		实载率 = $\dfrac{计算期完成货物周转量}{同期总行程载质量} \times 100\%$
	里程利用率	里程利用率 = $\dfrac{载重行驶里程}{车辆总行驶里程} \times 100\%$
	生产率	单车(船)产量 = $\dfrac{报告期完成的周转量}{报告期平均车(船)数}$
		车(船)吨产量 = $\dfrac{报告期完成的周转量}{报告期平均车(船)总吨数}$

续上表

评价项目	评价指标	计算公式
成本与效益	燃料消耗	百千米实际油耗 = $\dfrac{报告期实际油耗}{报告期运输吨位千米数/100}$
	单位运输费用	单位运输费用 = $\dfrac{运输费用总额}{报告期货运周转量}$
	运输费用效益	单位费用效益 = $\dfrac{营运盈利额}{运输费用支出额}$
	单车(船)利润	单车(船)利润 = 单车(船)营运总收入 − 单车(船)成本
客户评价	客户满意率	客户满意率 = $\dfrac{调查中满意货主数}{被调查货主总数} \times 100\%$
	客户保持率	客户保持率 = $\dfrac{老客户数量}{上一年客户总量} \times 100\%$
	客户开发率	客户开发率 = $\dfrac{新客户数量}{本年度客户总量} \times 100\%$
	客户投诉率	客户投诉率 = $\dfrac{投诉的客户数量}{总客户数量} \times 100\%$
	市场占有率	市场占有率 = $\dfrac{报告期本企业完成的运输量}{报告期市场运输总完成量} \times 100\%$
社会效益	清洁能源车率	清洁能源车率 = $\dfrac{企业清洁能源车数}{企业总车数} \times 100\%$

5.3.4 货物运输企业绩效总体评价

货物运输企业绩效的总体评价,实质是对企业物流服务能力、竞争能力、发展学习能力的综合衡量。结合货物运输企业的生产经营特点,可从五个方面来设置货物运输企业绩效总体评价指标,即服务质量、服务成本、市场能力、信息能力、学习能力。

(1)服务质量

服务质量是货物运输企业绩效的最核心部分。为了方便识别和控制,按照业务流程将其分为运输前服务质量、运输中服务质量和运输后服务质量。货物运输服务要素评价指标如表5-3所示。

货物运输服务要素评价指标 表5-3

运输前服务要素评价指标	运输中服务要素评价指标	运输后服务要素评价指标
目标车辆可得率:客户需要车辆时,用于衡量需求可得性的情况	托运的方便性:客户通过多种方式进行托运的可能性和每种方式的方便程度	运单完成率:一定时期内完成的运单数量与运单总数的比率
目标交付时间:企业向客户计划或者承诺的货物交付时间	托运处理时间:从顾客开始填写托运到验收货物完毕时的时间长度	运单处理正确率:一定时期内正确的运单处理总数与运单总数的比率

续上表

运输前服务要素评价指标	运输中服务要素评价指标	运输后服务要素评价指标
沟通能力:企业在运输前与客户的信息沟通能力	货物跟踪能力:对运输货物所处状态进行跟踪的能力	退货或调换率:一定时期内由于错装、错卸、错交,导致退货或换货总量与发货总量的比率
	准时交货率:准时交货的数目与交货总数目的比率	货物赔偿率:一定时期内由于货物丢失、损坏、运输误期及违约等原因所造成的赔偿金额与同期运输总收入的比率
	交货柔性:指物流企业满足客户紧急发货或延迟发货的可能性以及应付突发事件的能力	客户投诉率:一定时期内客户投诉次数与总服务次数的比率
	货损货差率:服务过程中损失的货物总吨数与运输货物总吨数的比率	客户投诉处理时间:企业对客户投诉进行调查,采取补救措施,达到客户要求的总时间
		顾客满意度:可以通过定期和不定期的客户调查问卷来获得。对企业物流运输服务表示满意的顾客数与接受调查的顾客总数的比率

(2)服务成本

服务成本评价指标包括单位产品的物流运输成本,系统成本和物流运输成本控制水平。如表5-4所示。

货物运输服务成本评价指标 表5-4

单位产品的物流运输成本	系 统 成 本	物流运输成本控制水平
通过物流运输费用与产品总量的比值来确定,根据产品本身的特点可以按单位体积、单位成本、单位产品数量的物流运输费用来衡量	物流企业提供一体化物流服务时所改进的整个物流系统的成本	物流运输成本控制水平=(采取措施而节约的运输成本-为采取成本控制所支付的费用)/采取措施前的运输成本。该指标反映物流运输企业对成本的控制能力

(3)物流运输企业市场能力

物流运输企业市场能力包括市场占有率,市场增长率和市场应变能力。如表5-5所示。

(4)物流运输企业信息利用能力

信息利用能力是指物流运输企业拥有可靠的计算机网络和物流信息管理系统,以高效地提供物流信息,为物流作业提供及时有效支持的能力。该能力指标包括基础设施水平、物流管理信息化水平、信息传递效率水平和信息活动主体水平,如表5-6所示。

物流运输企业市场能力指标　　　　　　　　　　　　　　　　　　　表5-5

市场占有率	市场增长率	市场应变能力
物流运输企业的市场份额与同行业总份额的比率	物流运输企业市场增长份额与该企业市场占有份额的比率	对于物流运输市场变化的觉察、识别、采取行动以及信息反馈的能力,可采用十分制来量化

物流运输企业信息利用能力指标　　　　　　　　　　　　　　　　　表5-6

基础设施水平	物流管理信息化水平	信息传递效率水平	信息活动主体水平
物流运输企业信息化的基础条件,包括计算机硬件数量和普及率,信息网络应用状况和物流信息标准化、电子化应用状况等。	利用物流信息系统(ERP软件、GPS系统、GIS系统、运输调度系统、仓储管理系统、订单管理系统等)有效控制和管理物流各个环节的能力,是反映物流运输企业信息技术能力的关键指标。可以从物流信息系统的功能性(如在线下单、网上报价、在途查询、决策支持能力等)、集成性、系统适用性三方面来评估	信息传递的可靠性、准确性和及时性等	员工利用计算机网络和物流信息管理系统的能力

(5)学习能力

未来企业的竞争就是学习能力的竞争,最成功的企业将是"学习型组织"的企业。让工作学习化,学习工作化,每个员工全身心投入工作和学习,使企业的创造力和竞争力随着员工创造力的增长而不断提高。因此学习能力应作为物流运输企业业绩评估的重要指标。如表5-7所示。

物流运输企业业绩评估的重要指标——学习能力　　　　　　　　　表5-7

员工素质	员工满意度	信息渠道的畅通程度	知识和信息共享程度	对学习的重视程度
企业员工的知识水平、修养、自信和相互信任程度等	员工对工作的满意程度、积极性	组织内部获得所需各种信息的渠道的通畅程度	企业成员之间交流经验,探讨业务技能,互相帮助学习所需技能的程度	企业对员工进行培训,并建立评估和激励体系,对组织成员的学习和创新给予支持和奖励的力度

纵观上述指标体系,不难发现货物运输组织绩效是一个相当复杂的概念,得先确定各指标权重,然后再采用数学方法进行处理。目前比较常用的物流运输企业绩效评估方法主要有关键业绩指标法(KPI)、标杆法(或基准法)、数据包络分析法(DEA)、主成分分析法、层次分析法(AHP)等。这些方法各有千秋,企业可以根据实际情况进行选择。

5.3.5 评价结果的分析

如何判断货物运输组织绩效评价的诸多指标,是否合理,是否有改善,就必须有判断好坏的基准。比较的基准有三种方法,如图5-8所示。

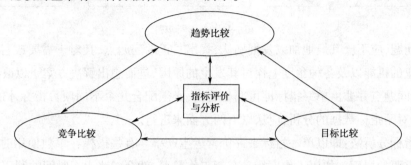

图 5-8 物流绩效评价分析方法

(1)同业其他公司的状况或同业的平均值

这就是所谓的竞争比较。一般竞争对象清楚的企业,如能和同业其他公司的状况做比较,就能判断本身的好坏。企业经营原本就是谋求企业间的竞争,因此是否优于竞争对象极为重要,各方面都无法胜过竞争者的企业,更别提如何获利。而在物流运输业中,性质相仿的公司不少,即使不是直接竞争的公司,只要规模、作业性质差不多,都可作为比较学习的对象。但这种竞争性的比较资料收集较不易,除了一些属于一般性的财务资料可从相关刊物中获得外,较详细的资料很少。当然还可以通过参观、沟通来取得,但以国内目前各公司资料不全与极端保密的情形下,要做到这一点并不容易。

(2)企业过去的状况

这是趋势比较法。除了与同业其他公司比较了解别人怎么做、做得如何外,将企业本身前后期的营运作业情况做比较,可清楚知道企业如今是处于成长或衰退的状况。例如,本期算出驾驶员生产率为10万 t·km,但该数据究竟比过去变好还是变坏了,就必须经比较才能下结论,成长的10万 t·km 与衰退的10万 t·km 代表的意义完全不同。而且,即使与 A 公司比较此"10万 t·km"的数据稍差,但若 A 公司营运正逐渐恶化,但本公司人员生产率有逐渐提升的趋势,这也是一项不错的信息。所以,进行企业本身若干期资料的比较,注意其倾向趋势是绝对必要且有效的。

(3)目标或预算

这是对目标的比较。公司的自我分析,除注意趋势的变化外,如果公司已有针对营运状况设定好目标或预算值,则应进一步与目标或预算值比较,以了解公司运作水准是否达到了预期的目标,其结果可作为管理者今后计划的方向或重新设定新目标值的参考。

①评价指标的分析

在评价过程中,首先是获得营运作业所有的各项评价指标,然后选择比较的基准,以判断指标数据的好坏,接下来就是依照指标反映的状况进行分析。

分析是为了了解事情真相并找出问题症结而对物流系统所作的详细探讨。因此,评价指标分析,是指对实际数据的分析,以发掘问题点,把所需采取的行动整理出来,以决定改善对策。其分析步骤如图5-9所示。

图5-9 指标分析步骤

对于问题,应不厌其烦地加以发掘确认,找出真正的问题点,且对于需要改善的问题点,从营运作业的机能以及各种角度上探讨其发生的原因,进而想出解决方案予以改善。

有时,问题点并非由单一指标即可明显看出,必须配合几个不同项目指标才能找出真正问题,因而对于指标数据的分析,应从以下两方面来进行。

单一指标分析法:即以单一指标来评价营运生产率。有些指标在单独使用时,往往会忽略另一些重要的层面。如用工作率衡量车辆工作状况,就会忽略出车时间的利用程度。

多元指标分析法:找出互有关系性的指标,由多个相关性指标分析公司现况及可能的原因,即同时以多个指标来评估生产率。但应注意各种指标在评估过程中占有比重的大小。

多元指标相互间并不一定是周延的(所谓周延是指指标间的配合掌握,完全没有遗漏)。

这两种方法都有局限性,何时该使用何种方式分析,需要分析人员自己判断,以做出对公司最有益的分析。

②改善问题的步骤及要点

改善就是要打破现状,使事情做得更好。一旦把问题找出并加以检讨之后,必定会产生改善构想,而这种改善原则应是以科学(客观)的观点配合企业所追求的目的,选取当时认为最佳的方式。现状改善是一种实务工作,可由以往的或别人所采行的方法进行模仿,或根据改善构想要点作为改善基准,当然也有以创意而获良好改善成果的。不论是采用何种改善方式,都应依基本步骤来进行现状改善。

步骤一:由问题点中决定亟待解决的问题。

在这一步中就是要进行问题的评价,也就是预测每一问题对公司未来营运绩效的影响程度,根据度的不同安排先后解决的时机。问题经评价后,其重要性通常可区分为下列四级。

a. 错误的警示。对公司影响程度很小的问题,应予以摒弃。

b. 非紧急性的警示。对将来可能会有影响,可先延后,将来再解决。

c. 稍微紧急性的警示。指必须在下一规划周期之前解决的问题,改善的计划及日期应在此阶段中制订。

d. 紧急性的警示。必须立即处理的问题。

步骤二:收集事实,调查比较各个事实间的相互关系,确定改善目标。

步骤三:分析事实,检讨改善方法。全体工作人员共同献计献策,向轻松(减轻劳动强度、提高熟练程度)、良好(维持、提升品质)、迅速(缩短作业时间)、低廉(降低成本)、安全(防止事故)的改善目标来寻求改善方案。

步骤四:将构想出的改善方案提报检核,并做好实施的准备计划。

步骤五:先试行改善,且详细追踪记录实施结果。

步骤六:评价试行实施结果,使之标准化。检讨改善效果,是否确实较改善前的情况进步。如果是,就考虑将改善后的方式标准化,以作为改善类似问题的依据。还要针对新的作业方式拟定日后管理制度以便追踪衡量,从而确定长期的改善效果。

步骤七:设定管制标准,执行管理。

单元小结

本单元介绍了运输业务管理的内容;重点介绍了公路运输成本控制、运输合理化、运输组织绩效评价的内容,如图5-10所示。通过学习,掌握如何控制运输成本,实现运输合理化并进行运输组织绩效评价。

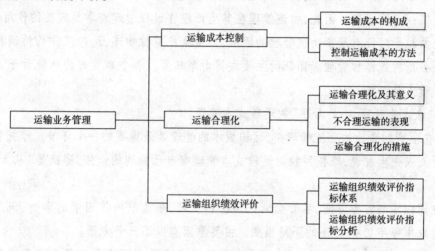

图5-10 本单元内容结构图

 思考与练习

(1)填空题

①影响运输成本的因素有_____、_____、_____、_____、_____、_____与_____等。

②公路货物运费的结算方式有:_____、_____、_____、_____。

③制定货物运输价格的重要依据是_____。

(2)名词解释

①层次分析法 ②运输绩效管理 ③里程利用率 ④运输周转量

(3)简答题

①简述运输绩效评价的指标。

②简述运输成本的构成。

③简述控制运输成本的方法。

【思考与练习部分答案】

(1)填空题

①运输距离　载货量　货物的疏密度　装载能力　装卸搬运　责任　运输供需

②先付　到付或对付　签回单付　月结

③运输成本

 案例分析

运输成本与运输管理合理化的实现

摩托罗拉是一家跨国公司,供应商遍及全球各地,实行统一采购,根据订单的需求以及成本因素统一安排生产。因此,物流管理在其生产经营过程中起着举足轻重的作用。

摩托罗拉专门设有从事物流管理的团队,负责摩托罗拉物流、运输工作的协调和管理以及物流服务商的选择和管理。团队的主要成员由摩托罗拉各个事业部的物流骨干人员以及总公司骨干人员组成。

(1)"从大处着眼,小处着手"的运输成本管理。

(2)在生产制造业的物流管理中,运输成本的管理是最重要的一个环节。摩托罗拉物流业务负责人张先生曾说,摩托罗拉对运输成本管理有自己独到的做法,那就是"从大处着眼,小处着手"。

①在国内端的业务方面,尽管受到燃油价格上涨、航班航线等因素的影响,但是摩托罗拉的运输成本每年仍有15%的下降幅度。主要原因有以下三个方面。

摩托罗拉不是一味地压低运价,而是与物流服务商共同研究如何整合资源来降低生产成本和运输成本。比如,通过改变产品包装模式与包装方式,提高包装内的货物量,降低单位产品的运输成本。

根据国内业务发展的需要,改变运输方式。以前送往上海的货物,一般采取空运方式,现在由于高速公路的发展相对比较完善,因此在满足时限和保证服务的前提下改为公路运输。手机充电器、PCB板等零部件的供应商多数在南方地区,这些产品对运输条件要求不太严格,通常采用铁路运输,从而可以有效地降低运输成本。

随着我国社会经济的发展,货源比较充足。比如在上海地区负责摩托罗拉零部件、产品运输的物流服务公司,可在摩托罗拉的产品没有满载的情况下,协调不同货主的不同货源,并开辟班车运输,将过去的零担运输改为整车运输,从而可大大降低运输成本。

②在国际端的业务方面,手机产品更新换代比较快,不适合海运方式,摩托罗拉主要采用空运方式。在美国的得克萨斯,摩托罗拉建有自己的配送中心。天津工厂生产的产品(如裸机、电池、充电器等)都是通过空运,由于从美洲地区回程的货物较少,造成整个航运业运

力不平衡。为此,摩托罗拉与航空公司、物流服务公司三方签订了运输合作协议:摩托罗拉提供货源,航空公司提供舱位和货代公司保证运输正常以及运价稳定。因此,不仅可满足摩托罗拉的业务发展需要,也使合作各方都能获得稳定的收益,从而达到"多赢"的目的。

(3) 实行全球运输管理的百分考核制。

IT电子产品的价值相当高,一箱电路板可能价值上百万美元。在运输过程中,这些产品、零部件又不包含保险费,因此,物流服务商的招标选择以及管理工作非常重要。为此,摩托罗拉成立了全球性物流资源公司,通过多种方式对备选的物流服务企业的资信、网络、业务能力等方面进行周密的调查,并给初选合格的企业以少量业务进行试运行,实际考察这些企业的服务能力与质量。对不合格者,取消其对摩托罗拉的服务资格;对获得物流服务资格的企业进行严格的月度作业考评。主要考核内容包括:运输周期、信息反馈、单证资料准确率、财务结算、货物安全和客户投诉等。考核标准是按照各项的完成率加权,考核结果按百分制评定。摩托罗拉根据这些考核分数值确定其服务质量,并与合同以及业务量挂钩。分数值在98分以上,属于优秀服务商,可增加业务量;分数值在94分到98分之间,属于合格服务商,需进一步改进;分数值在93分以下,会自动解除合同。同时针对生产线和客户的不同需求情况,摩托罗拉还要求物流服务商提供多种服务。对运输周期的考评,有两种最典型的方式:其一是标准服务,满足标准时限;另一种是应急快速服务,满足生产线和客户的紧急需求。在对服务商的考评过程中,物流服务商的急货处理能力也是摩托罗拉重要的考核指标。

【案例点评】

在日常工作决策中,运输的成本、速度和一致性是最有可能影响运输合理化的三个因素。因为最低的运输费用并不意味着最低的运输成本,最低的运输总成本也并不意味着合理化的运输。例如,使用货车来运输商品,通常使运费降低的最好办法是使包租的货车满载,使积载于货车上的商品一次装运量(即批量)尽可能大,而运输次数尽量少。与小批量高频次的运输(小批量混装运输)相比,大批量运输的运费更为经济。但是,大批量运输又会带来另外的问题,即收货地库的商品库存量将高于小批量的运输。其库存商品的保管费用将有所增加。这就是说,虽然大批量的包车运输可以使运费降低,但却使收货地的保管费用增加。一方面增加的保管费用可能高于降低的运费;另一方面,大量的库存将不利于仓储管理的合理化。所以,这种情况很可能属于不合理运输。

该案例中摩托罗拉实现运输合理化的途径便是多渠道、多环节的优化。

(1) 整合资源降低成本。

(2) 选择最适合的运输方式。

(3) 与多方经营实体进行联合合作

这些都是统筹全局,探索适合企业的运输优化的合理方法。由于运输的合理化关系着其他物流环节设计的合理化。因此,应首先站在物流系统一体化的高度,综观全局,再对运输的各个具体环节进行优化,最终达到合理化。

【思考】

(1)简述在此案例中你得到哪些启示?

(2)分析运输合理化与统筹物流系统各个环节优化运作的关系。

(3)分析降低运输成本与运输合理化的关系。

 实训

运输合理化方案设计

【技能训练目标】

了解物流运输合理化的定义、要素、表现形式;熟悉物流运输合理化的具体内容;掌握物流运输合理化实施的措施;熟悉对物流运输合理化进行分析。

【技能训练任务】

某物流运输企业现接到3批货,50t的钢材从福州发到上海、3t的服装由福州发到杭州,30箱的样品(约1t)由福州发到宁波,请进行运输合理化设计。

【技能训练评价】

运输合理化设计评价见表5-8。

运输合理化方案设计评价表 表5-8

考评人			被考评人		
考评地点					
考评内容	运输合理化设计				
考评标准	具体内容	分值	自我评价	教师评价	实际得分
	工作态度	15			
	沟通水平	15			
	工作任务完成情况	20			
	方案设计是否合理	50			
	合计		100		

附录一

公路普通货物运价分等表

公路普通货物运价分等情况见附表1-1。

公路普通货物运价分等表　　　　　　　　　　附表1-1

等级	序号	货 类	货 物 名 称
一等货物	1	砂	砂子
	2	石	片石、渣石、寸石、石硝、粒石和卵石
	3	非金属矿石	各种非金属矿石
	4	土	各种土和垃圾
	5	渣	炉渣、炉灰、水渣、各种灰烬与碎砖瓦等
二等货物	1	粮食及加工品	各种粮食(稻、麦、各种杂粮、薯类)及其加工品
	2	棉花、麻	皮棉、籽棉、絮棉、旧棉、棉胎、木棉及各种麻类
	3	油料作物	花生、芝麻、油菜籽、蓖麻子及其他油料作物
	4	烟叶	烤烟和土烟
	5	植物的种子、草、藤、树条	树、草、菜、花的种子、干花、牧草、谷草、稻草、芦苇、树条、树根、木柴和藤等
	6	肥料、农药	化肥、粪肥、土杂肥和农药(具有危险货物性质的除外)等
	7	糖	各种食用糖(包括饴糖、糖稀)
	8	酱菜、调料	腌菜、酱菜、酱油、醋、酱、花椒、茴香、生姜、芥末、腐乳、味精及其他调味品
	9	土产杂品	土产品与各种杂品
	10	皮毛、塑料	生皮张、生熟皮毛、鬃毛绒及其加工品、塑料及其制品
	11	日用百货、一般纺织制品	各种日用小百货、一般纺织品与针织品
	12	药材	普通中药材
	13	纸、纸浆	普通纸及纸制品及各种纸浆
	14	文化体育用品	文具、教学用具和体育用品
	15	印刷品	报刊、图书及其他印刷品
	16	木材	圆木、方木、板料、成材及杂木棍等
	17	橡胶、可塑材料及其制品	生橡胶、人造橡胶、再生橡胶及其制品、电木制品、其他可塑原料及其制品
	18	水泥及其制品	袋装水泥、水泥制品与预制水泥构件等
	19	钢材(管、丝、线、绳、板、皮条)、钢铁、有色金属及其制品	生铁、毛坯、铸铁件、有色金属、材料、大、小五金制品、配件和小型农机具等

续上表

等级	序号	货类	货物名称
二等货物	20	矿物性建筑材料	普通砖、瓦、缸砖、水泥瓦、乱石、块石、级配石、条石、水磨石、白云白、蜡石、萤石及一般石制品、滑石粉、石灰膏、电石灰、矾石灰、石膏、石棉、白垩粉、陶土管、石灰石和生石灰
	21	金属矿石	各种金属石
	22	煤	原煤、块煤与可燃性片岩等
	23	焦炭	焦炭、焦炭末、石油焦、沥青与焦木炭等
	24	原煤加工品	煤球、煤砖与蜂窝煤
	25	盐	原盐及加工精盐
	26	泥、灰	泥土、淤泥、煤泥、青灰与粉煤灰等
	27	废品及散碎品	废钢铁、废纸、破碎布、碎玻璃、废鞋靴与废纸袋等
	28	空包装容器	篓、坛罐、桶、瓶、箱、筐、袋、包、箱皮与盒等
	29	其他	未列入表中的其他货物
三等货物	1	蜂	蜜蜂与蜡虫
	2	蚕、茧	蚕、蚕子、蚕蛹与蚕茧
	3	观赏用花、木	观赏用长青树木、花草与树苗
	4	蔬菜、瓜果	鲜蔬菜、鲜菌类、鲜水果、甘蔗与瓜类
	5	植物油	各种食用、工业与医药用植物油
	6	蛋、乳	蛋、乳及其制品
	7	肉脂及制品	鲜、腌、酱肉类、油脂及制品
	8	水产品	干鲜鱼、虾、蟹、贝与海带
	9	干菜、干果	干菜、干果、子仁及各种果脯
	10	橡胶制品	轮胎、橡胶管、橡胶布类及其制品
	11	颜料、染料	颜料、染料及助剂与其制品
	12	食用香精、树胶、木蜡	食用香精、糖精、樟脑油、芳香油、木榴油、木蜡、橡蜡（橡油、皮油）与树胶等
	13	化妆品	护肤、美容、卫生、头发用品等各种化妆品
	14	木材加工品	毛板、企口板、胶合板、刨花板、装饰板、纤维板与木构件等
	15	家具	竹、藤、钢与木家具
	16	交电器材	普通医疗器械、无线电广播设备、电线电缆、电灯用品、蓄电池（未装酸液）、各种电子元件、电子或电动玩具
	17	毛、丝、棉、麻、呢绒、化纤、皮革制品	毛、丝、棉、麻、呢绒、化纤、皮革制品、鞋帽与服装
	18	烟、酒、饮料、茶	各种卷烟、各类瓶罐装的酒、汽水、果汁、食品、罐头、炼乳、植物油精（薄荷油、按叶油）、茶叶及其制品

续上表

等级	序号	货 类	货 物 名 称
三等货物	19	糖果、糕点	糖果、果酱(桶装)、水果粉、蜜饯、面包、饼干、糕点
	20	淀粉	各种淀粉及其制品
	21	冰及冰制品	天然冰、机制冰、冰淇淋与冰棍
	22	中西药品、医疗器具	西药、中药(丸、散、膏、丹成药)及医疗器具
	23	贵重纸张	卷烟纸、玻璃纸、过滤纸、晒图纸、描图纸、绘图纸、国画纸、蜡纸、复写纸、复印纸
	24	文娱用品	乐器、唱片、幻灯片、录音带、录像带及其他演出用具及道具
	25	美术工艺品	刺绣、蜡或塑料制品、美术制品、骨角制品、漆器、草编、竹编、藤编等各种美术工艺品
	26	陶瓷、玻璃及其制品	瓷器、陶器、玻璃及其制品
	27	机器及设备	各种机器及设备
	28	车辆	组成的自行车、摩托车、轻骑与小型拖拉机
	29	污染品	炭黑、铅粉、锰粉、乌烟(墨黑、松烟)、涂料及其他污染人体的货物、角、蹄、甲、牲骨与死禽兽
	30	粉尘品	散装水泥、石粉与耐火粉
	31	装饰石料	大理石、花岗岩与汉白玉
	32	带釉建筑用品	玻璃瓦、琉璃瓦、其他带釉建筑用品、耐火砖、耐酸砖与瓷砖瓦

注:未列入表中的其他货物,除参照同类货物分等外,均列入二等货物。

附录二

全国主要城市间公路里程表

全国主要城市间公路里程见附表 2-1。

全国主要城市间公路里程表（单位：km） 附表 2-1

北京																				
118	天津																			
483	470	锦州																		
717	704	234	沈阳																	
1032	1019	549	315	长春																
1392	1379	909	675	360	哈尔滨															
1739	1726	1256	1022	707	347	齐齐哈尔														
1582	1569	1099	865	550	344	691	牡丹江													
1142	1129	659	425	110	250	597	440	吉林												
965	962	482	285	600	930	1277	1048	680	丹东											
903	890	420	419	734	1094	1441	1284	844	323	大连										
457	347	817	1051	1366	1726	2073	1916	1476	1299	1237	济南									
832	722	1192	1426	1741	2101	2448	2291	1851	1674	1612	375	青岛								
787	677	1147	1381	1696	2056	2403	2246	1806	1629	1567	330	424	徐州							
1106	996	1466	1700	2015	2375	2732	2565	2125	1948	1886	649	743	319	合肥						
1141	1031	1501	1735	2050	2410	2757	2600	2160	1983	1921	684	657	354	162	南京					
1490	1380	1850	2084	2399	2759	3106	2949	2509	2332	2270	1033	1006	703	511	349	上海				
1493	1383	1853	2087	2402	2762	3109	2952	2512	2335	2273	1036	1009	706	514	352	213	杭州			
1609	1499	1969	2203	2518	2878	3225	3068	2628	2451	2389	1152	1246	822	503	665	837	624	南昌		

附录二 全国主要城市间公路里程表

续上表

	福州	石家庄	郑州	武汉	长沙	株洲	广州	深圳	柳州	南宁	桂林	西安	兰州	西宁	乌鲁木齐	拉萨	成都	重庆	贵阳	昆明	太原	呼和浩特	银川	二连浩特
福州	福州																							
石家庄	2257	石家庄																						
郑州	2147	279	郑州																					
武汉	2617	333	443	武汉																				
长沙	2851	762	531	974	长沙																			
株洲	3166	996	1204	1157	392	株洲																		
广州	3256	1311	1438	1663	1688	1366	41	广州																
深圳	3873	1671	1753	1897	1624	1407	923	433	深圳															
柳州	3716	2018	2113	2212	2460	2572	1686	1010	1089	柳州														
南宁	1861	2303	2460	2919	2322	1244	893	1223	1182	364	南宁													
桂林	2018	1863	1686	2303	2145	2083	1151	1066	1029	1540	1756	桂林												
西安	1244	1421	1244	1421	2322	2083	1543	727	1119	1697	1653	1225	161	西安										
兰州	1421	1863	1686	2145	2537	2475	1285	904	874	1378	1858	1917	1386	700	兰州									
西宁	1686	1863	2322	2762	2714	2578	1326	867	1036	2027	2199	2360	1593	861	258	西宁								
乌鲁木齐	1863	2460	2919	2755	3154	3195	2516	1119	1160	2121	2188	2282	2039	1100	1714	729	乌鲁木齐							
拉萨	1800	2322	2145	2762	3154	3195	2578	1584	1697	2121	2282	2039	1593	1100	1374	994	890	拉萨						
成都	1773	1491	2083	2145	3276	3326	2475	1285	1378	2121	2282	2039	1873	1100	2378	1404	1012	833	成都					
重庆	1491	1172	2023	2195	2714	2578	2131	1394	1556	2131	1644	1873	1358	1720	2023	2120	1146	545	467	重庆				
贵阳	1116	894	989	963	2213	1998	2189	976	1351	2088	1644	1873	2378	1468	1935	1714	1012	1200	527	209	贵阳			
昆明	1107	1338	1095	1098	875	919	1066	1223	1840	2189	1840	1889	1515	891	2115	1565	937	1241	672	833	2073	昆明		
太原	894	725	1341	1406	432	1010	1029	1182	1743	1908	1840	2189	1557	1298	1911	1982	1724	1233	945	542	861	209	太原	
呼和浩特	578	696	1061	1295	1610	1970	2072	1715	1410	1410	1598	1997	1206	1119	1718	1078	1094	1278	2547	3122	2650	2324	2547	呼和浩特
银川	1253	1371	1736	1970	2147	2593	2747	2835	2156	2395	2218	1598	1667	1119	1978	2703	2181	1546	1921	2874	2753	2762	2827	675
二连浩特	710	828	999	1201	1236	1526	1569	1786	1346	1455	1167	1542	1497	1816	2203	2395	3120	2355	3188	3109	3367	989	1432	二连浩特

143

附录三

危险货物品名表

List of Dangerous Goods(GB 12268—2012)

1 主题内容与适用范围

本标准规定了危险货物的品名和编号。

本标准适用于危险货物运输、生产、贮存和销售。

2 引用标准

GB 6944 危险货物分类和品名编号

GB 7694 危险货物命名原则

3 术语

稀释(Dilution):指在物品中加入水、醇或其他溶剂,以降低溶液的浓度或涂料的黏度。

涂层(coating):指物品表面经处理后,包覆一层油、蜡或其他材料,可防止物品与水或其他物质发生化学反应。

4 第1类 爆炸品

4.1 第1项 具有整体爆炸危险的物质和物品

编 号	品 名	别 名	备 注*
11001	爆破用电雷管	工程电雷管	0030
11002	爆破用非电雷管	工程非电雷管	0029
11003	弹药用雷管	炮弹雷管	0073
11004	爆破用非电雷管组件		0360
11005	传爆管[带雷管的]	助爆管	0225
11006	传爆管[不带雷管的]	助爆管	0042
11007	导爆索[外包金属的]		0290
11008	导爆索[柔性的]		0065
11009	爆炸管		0043
11010	火帽		0377
11011	点火管		0121
11012	起爆引信		0106
11013	起爆引信[带有安全保护装置的]		0408
11014	无线电引信		
11015	压电引信		
11016	机械引信		

续上表

编号	品　名	别　名	备 注*
11017	点火引信[高炮用]		
	旋翼控制器[航弹用]		
11018	迭氮(化)钡[干的或含水＜50%]		0224
11019	迭氮(化)铅[含水或水加乙醇≥20%]		0129
11020	重氮甲烷		
11021	二硝基重氮酚[含水或水加乙醇≥40%]	重氮二硝基苯酚	0074
11022	三硝基间苯二酚铅[含水或水加乙醇≥20%]	收敛酸铅	0130
11023	胀基亚硝氨基胀基叉肼[含水≥30%]		0113
11024	胀基亚硝氨基胀基四氮烯[含水或水加乙醇≥30%]	四氮烯;特屈拉辛	0114
11025	雷(酸)汞[含水或水加乙醇≥20%]		0135
11026	高氯酸[浓度＞72%]		
11027	硝基胍[干的或含水＜20%]	橄苦岩	0282
11028	硝基脲		0147
11029	硝酸脲[干的或含水＜20%]		0220
11030	硝酸重氮苯		
11031	硝化淀粉[干的或含水＜20%]	硝化棉	0146
	[干的或含水(或乙醇)＜25%]		0340
	[含增塑剂＜18%]		0341
11033	硝化丙三醇[含不挥发、不溶于水的钝感剂≥40%]	硝化甘油;甘油三硝酸酯	0143
11034	硝化丙三醇乙醇溶液[含硝化甘油1%～10%]	硝化甘油乙醇溶液	0144
11035	2,4,6-三硝基甲苯[干的或含水＜30%]	梯恩梯(TNT)	0209
11036	2,4,6-三硝基甲苯与铝混合物	特里托纳尔	0390
11037	三硝基甲苯与三硝基苯混合物		0388
	三硝基甲苯与六硝基-1,2-二苯乙烯混合物	三硝基甲苯与六硝基芪混合物	0388
11038	三硝基甲苯与三硝基苯和六硝基-1,2-二苯乙烯混合物	三硝基甲苯与三硝基苯和六硝基芪混合物	0389
11039	三硝基甲苯与硝基萘混合物	梯萘炸药	
11040	2,4,6-三硝基苯甲硝胺	特屈儿	0208
11041	环三次甲基三硝胺	黑索金;旋风炸药	
	[含水≥15%]		0072
	[钝感的]		0483
11042	环三次甲基三硝胺与三硝基甲苯混合物[干的或含水＜15%]	黑索金与梯恩梯混合炸药．黑索雷特	0118

续上表

编号	品　名	别　名	备　注*
11043	环三次四基三硝胺与三硝基甲苯和铝粉混合物	黑索金与梯恩梯和铝粉混合炸药;黑索托纳尔	0393
11044	环三次甲基三硝胺与环四次甲基四硝胺混合物[含水≥15%或含钝感剂≥10%]	黑索金与奥克托金混合物	0391
11045	以环三次甲基三硝胺为主体混合物[未列名的]	以黑索金为主体混合炸药	
11046	环四次甲基四硝胺	奥克托金(HMX)	
	[含水≥15%]		0226
	[钝感的]		0484
11047	环四次甲基四硝胺与三硝基甲苯混合物[干的或含水<15%]	奥克托金与梯恩梯混合炸药;奥克雷特	0266
11048	以环四次甲基四硝胺为主体混合物[未列名的]	以奥克托金为主体混合炸药	
11049	季戊四醇四硝酸酯	泰安;喷梯尔	
	[含水≥25%或含钝感剂≥15%]		0150
	[含蜡≥7%]		0411
11050	季戊四醇四硝酸酯与三硝基甲苯混合物[干的或含水<15%]	泰安与梯恩梯混合炸药;彭托雷特	0151
11051	以季戊四醇四硝酸酯为主体混合物[未列名的]	以泰安为主体混合炸药	
11052	二硝基(苯)酚[干的或含水<15%]		0076
11053	二硝基间苯二酚[干的或含水<15%]		0078
11054	1,3,5－三硝基苯[干的或含水<30%]	均三硝基苯	0214
11055	2,4,6－三硝基二甲苯		
11056	2,4,6－三硝基氯(化)苯	苦基氯	0155
11057	2,4,6－三硝基苯酚[干的或含水<30%]	苦味酸	0154
11058	2,4,6－三硝基苯酚钠	苦味酸钠	
11059	2,4,6－三硝基苯酚铵[干的或含水<10%]	苦味酸铵	0004
11060	三硝基间甲酚		0216
11061	2,4,6－三硝基间苯二酚	收敛酸	0129,0394
11062	三硝基苯甲醚	三硝基茴香醚	0213
11063	三硝基苯乙醚		0218
11064	2,4,6－三硝基苯甲酸[干的或含水<30%]	三硝基安息香酸	0215
11065	三硝基苯磺酸		0386
11066	2,4,6－三硝基苯磺酸钠		
11067	2,4,6－三硝基苯胺	苦基胺	0153
11068	2,3,4,6－四硝基苯胺		0207
11069	三硝基芴酮		0387

续上表

编号	品名	别名	备注*
11070	三硝基萘		0217
11071	四硝基萘		
11072	四硝基萘胺		
11073	六硝基二苯胺	六硝炸药；二苦基胺	0079
11074	六硝基二苯胺铵盐	曙黄	
11075	六硝基二苯硫[干的或含水<10%]	二苦基硫	0401
11076	六硝基-1,2-二苯乙烯	六硝基芪	0392
11077	甘露糖醇六硝酸酯[含水或水加乙醇≥40%]	六硝基甘露醇	
11078	二乙二醇二硝酸酯[含不挥发、不溶于水的钝感剂≥25%]	二甘醇二硝酸酯	0075
11079	甲基丙烯酸三硝基乙酯		
11080	5-硝基苯并三唑	硝基连三氮杂茚	0385
11081	高氯酸铵		0402
11082	硝酸铵[含可燃物>0.2%，包括以碳计算的任何有机物，但不包括任何其他添加剂]		0222
11083	硝酸铵肥料[比硝酸铵(含可燃物>0.2%，包括以碳计算的任何有机物，但不包括其他添加剂)更易爆炸]		0223
11084	硝铵炸药	铵梯炸药	
11085	浆状火药[含乙醇≥17%]	吸收药团	0433
11086	辅助炸药装药		0060
11087	锥孔装药[外包金属的,柔性的,线型的]	空心装药	0288
11088	锥孔装药[不带雷管的]	空心装药	0059
11089	爆破用装药		0048
11090	民用炸药装药[不带雷管的]		0442
11091	A型爆破用炸药		0081
11092	B型爆破用炸药		0082
11093	C型爆破用炸药		0083
11094	D型爆破用炸药		0084
11095	E型爆破用炸药		0241
11096	黑火药[粒状或粉状]		0027
11097	黑火药制品 如：黑火药丸 　　黑火药包		0028
11098	炮用发射药		0279

续上表

编 号	品 名	别 名	备 注*
11099	无烟火药 如:单基火药 双基火药		0160
11100	火箭发动机用推进剂	双基推进剂	0271
11101	火箭发动机用复合推进剂	复基推进剂	0273
11102	闪光粉		0094
11103	闪光弹药		0049
11104	火箭[装有炸药的]		0180,0181
11105	火箭发动机		0280
11106	火箭弹头[装有炸药的]		0369,0286
11107	液体燃料火箭[装有炸药的]		0397
11108	弹丸[装有炸药的]		0167,0168
11109	炸弹[装有炸药的]		0034,0033
11110	燃烧炸弹[装有易燃液体和炸药的]		0399
11111	深水炸弹		0056
11112	武器用弹药[装有炸药和发射药或推进剂] 如:分装式炮弹 定装式半备炮弹 定装式半备迫击炮弹		0006
11113	武器用弹药[装有炸药的] 如:定装式全备炮弹 定装式全备火箭		0005
11114	武器用弹药[空包弹]		0326
11115	震源弹		
11116	测深装置[爆炸性的]		0296,0374
11117	摄影闪光弹		0037,0038
11118	地面照明弹		0418
11119	空中照明弹		0420
11120	手榴弹、枪榴弹		0284,0292
11121	地雷		0136,0137
11122	鱼雷		0329,0330,0449,0451
11123	鱼雷战斗部		0221
11124	水雷		
11125	抛撒地雷器		
11126	火箭扫雷弹		

续上表

编 号	品 名	别 名	备 注*
11127	火箭爆破器		
11128	爆破筒		
11129	油井用爆炸破孔装置[不带雷管的]		0099
11130	油井用射孔枪[不带雷管的]		0124
11131	船舶呼救信号器[非水活化装置]		0194
11132	铁路轨道信号器		0192
11133	烟雾信号器[带有爆炸音响装置的]		0196
11134	烟火制品[为技术目的用的]		0428
11135	烟火制品		0333
11136	爆炸物质[未列名的]		0357,0461,0473,0474,0475,0476
11137	爆炸物质[未列名的]		0354,0462,0463,0464,0465

注：*备注栏内的数码是指联合国危险货物运输问题专家委员会推荐的《最常见运输危险货物品名表》中的编号(下同)。

4.2 第2项 具有抛射危险但无整体爆炸危险的物质和物品

编 号	品 名	别 名	备 注
12001	弹药用雷管	炮弹雷管	0364
12002	传爆管[带有雷管的]		0268
12003	传爆管[不带雷管的]		0283
12004	导爆索[外包金属的]		0102
12005	点火管		0134
12006	起爆引信		0107
12007	起爆引信[带有安全保护装置的]		0409
12008	炮用发射药		0414
12009	火箭发动机用推进剂		0415
12010	火箭发动机用复合推进剂		0416
12011	火箭[带有炸药的]		0182,0295
12012	火箭[带有抛射药的]		0436
12013	火箭发动机		0281
12014	火箭发动机[装有自发火的液体燃料,带有或不带有抛射药的]		0322
12015	火箭发动机[装有液体燃料的]		0395
12016	液体燃料火箭[装有炸药的]		0398
12017	火箭弹头[装有炸药的]		0287

续上表

编号	品 名	别 名	备 注
12018	弹丸[装有炸药的]		0169,0324
12019	弹丸[带有爆炸管或抛射药的]		0346,0426,0434
12020	炸弹[装有炸药的]		0035,0291
12021	燃烧炸弹[装有易燃液体和炸药的]		0400
12022	武器用弹药[装有炸药的]		0007
12023	武器用弹药[装有炸药和发射药或推进剂] 如：穿甲弹 填砂弹 猎枪子弹 小口径步枪子弹 运动弹		0321
12024	武器用弹药[带有惰性弹丸的，小型的]		0328
12025	武器用弹药[空包弹]		0413
12026	燃烧弹药[非水活化的，不含白磷或磷化物，带有或不带有爆炸管、抛射药或发射药]		0009
12027	白磷燃烧弹药[带有爆炸管、抛射药或发射药]		0243
12028	白磷烟幕弹药[非水活化的，带有爆炸管、抛射药或发射药]		0245
12029	照明弹药[带有或不带有爆炸管、抛射药或发射药]		0171
12030	烟幕弹药[非水活化的，不含白磷或磷化物，带有或不带有爆炸管、抛射药或发射药]		0015
12031	催泪弹药[带有爆炸管、抛射药或发射药]		0018
12032	毒气弹药[非水活化的，带有爆炸管、抛射药或发射药]		0020
12033	摄影闪光弹		0039
12034	摄影用闪光粉		
12035	地面照明弹		0419
12036	空中照明弹		0421
12037	炮用宣传弹		
12038	测深装置[爆炸性的]		0375,0204
12039	手榴弹或枪榴弹[练习用]		0372
12040	手榴弹或枪榴弹[装有炸药的]		0293,0285
12041	地雷[装有炸药的]		0138,0294
12042	抛射空降伞兵靶		

续上表

编号	品名	别名	备注
12043	水活化装置[带有爆炸管、抛射药或发射药]		0248
12044	动力装置用药包	安全弹药	0381
12045	民用炸药装药[不带雷管的]		0443
12046	锥孔装药[不带雷管的]	空心装药	0439
12047	民用火箭	土火箭	
12048	抛绳火箭		0238
12049	烟雾信号器[带有爆炸音响装置的]		0313
12050	引火物品		0380
12051	烟火制品[为技术目的用的]		0429
12052	烟火制品		0334
12053	爆炸导火线部件[未列名的]		0382
12054	爆炸物质[未列名的]		0355
12055	爆炸物品[未列名的]		0358,0466,0467,0468,0469

4.3 第3项 具有燃烧危险和较小爆炸或较小抛射危险,或两者兼有、但无整体爆炸危险的物质和物品。

编号	品名	别名	备注
13001	速燃导火索		0101
13002	管状点火药盒		0319
13003	点火管		0315
13004	点火引信		0316
13005	二亚硝基苯		0406
13006	二硝基邻甲(苯)酚钠[干的或含水<15%]		0234
13007	硝基芳香族衍生物钾盐[爆炸性的]		0158
13008	硝基芳香族衍生物钠盐[爆炸性的,未列名的]		0203
13009	硝基芳香族衍生物的爆燃金属盐类[未列名的]		0132
13010	二硝基(苯)酚碱金属盐[干的或含水<15%]		0077
13011	4,6-二硝基-2-氨基苯酚钠[干的或含水<20%]	苦氨酸钠	0235
13012	4,6-二硝基-2-氨基苯酚锆[干的或含水<20%]	苦氨酸锆	0236
13013	硝化二乙醇胺火药		
13014	硝化纤维素[含乙醇≥25%]		0342
13015	硝化纤维素[含增塑剂≥18%]		0343
13016	浆状火药[含水≥35%]	吸收药团	0159

续上表

编号	品名	别名	备注
13017	无烟火药 如：三基火药		0161
13018	炮用发射药		0242
13019	动力装置用药包		0275
13020	火箭发动机用推进剂		0272
13021	火箭发动机用复合推进剂		0274
13022	火箭［带有惰性弹头的］		0183
13023	火箭［带有抛射药的］		0437
13024	抛绳火箭		0240
13025	火箭发动机		0186
13026	火箭发动机［装有液体燃料的］		0396
13027	火箭发动机［装有自发火的液体燃料，带有或不带有抛射药的］		0250
13028	惰性弹丸［带有曳光管的］		0424
13029	武器用弹药［空包弹，小型的］		0327
13030	武器用弹药［带有惰性弹丸的］		0417
13031	燃烧弹药［非水活性的，不含白磷或磷化物，带有或不带有爆炸管、抛射药或发射药］		0010
13032	燃烧弹药［液体或凝胶型的，带有爆炸管、抛射药或发射药］		0247
13033	白磷燃烧弹药［带有爆炸管、抛射药或发射药］		0244
13034	白磷烟幕弹药［非水活化的，带有爆炸管、抛射药或发射药］		0246
13035	信号弹药		0054
13036	照明弹药［带有或不带有爆炸管、抛射药或发射药］		0254
13037	烟幕弹药［非水活化的，不含白磷或磷化物，带有或不带有爆炸管、抛射药或发射药］		0016
13038	催泪弹药［带有爆炸管、抛射药或发射药］		0019
13039	毒气弹药［非水活化的，带有爆炸管、抛射药或发射药］		0021
13040	闪光弹药		0050
13041	摄影闪光弹		0299
13042	闪光粉		0305

续上表

编号	品名	别名	备注
13043	地面照明弹[非水活化装置]		0092
13044	空中照明弹 如:航空标志弹 航空照相弹		0093
13045	航空爆炸燃烧弹		
13046	烟幕弹[练习用]		
13047	手榴弹或枪榴弹[练习用]		0318
13048	可燃药筒[不带底火的,空的]		0447
13049	弹药用曳光管		0212
13050	反坦克雷[练习用]		
13051	鱼雷[带有液体燃料,带有或不带有炸药的]		0450
13052	水活化装置[带有爆炸管、抛射药或发射药]		0249
13053	油井用药包		0277
13054	船舶呼救信号器[非活化装置]		0195
13055	烟火制品[为技术目的用的]		0430
13056	烟火制品 如:礼花弹	焰火	0335
13057	爆炸物质[未列名的]		0359,0477,0478
13058	爆炸物品[未列名的]		0356,0470

4.4 第4项 无重大危险的爆炸物质和物品

编号	品名	别名	备注
14001	爆破用电雷管		0255,0456
14002	爆破用非电雷管		0267,0455
14003	爆破用非电雷管组件		0361
14004	弹药用雷管		0365,0366
14005	导爆索[外包金属的,柔性的]		0104
14006	导爆索[柔性的]		0289
14007	导火索		0066
14008	导火索[金属管外壳的]		0103
14009	安全导火索		0105
14010	点火管[导火索用]		0131
14011	点火管		0325,0454
14012	火帽		0044,0378
14013	管状点火药盒		0320,0376
14014	点火引信		0317,0368

续上表

编　号	品　名	别　名	备　注
14015	起爆引信		0257,0367
14016	起爆引信[带有安全保护装置的]		0410
14017	四唑并-1-乙酸	四氮杂茂-1-乙酸	0407
14018	5-巯基四唑并-1-乙酸		0448
14019	弹丸[装有炸药的]		0344
14020	弹丸[带有爆炸管或发射药的]		0347,0427,0435
14021	惰性弹丸[带有电曳光管的]		0345,0425
14022	火箭[带有抛射药的]		0438
14023	火箭弹头[带有爆炸管或抛射药的]		0370,0371
14024	抛绳火箭		0453
14025	武器用弹药[空包安全弹药]		0014
14027	武器用弹药[空包弹,小型的]		0338
14028	武器用弹药[带有惰性弹丸的,小型的]		0339
14029	武器用弹药[装有炸药的]		0348,0412
14030	燃烧弹药[非水活化的,不含白磷和磷化物,带有或不带有爆炸管、抛射药或发射药]		0300
14031	信号弹药		0312,0405
14032	照明弹药[带有或不带有爆炸管、抛射药或发射药]		0297
14033	烟幕弹药[非水活化的,不含白磷或磷化物,带有或不带有爆炸管、抛射药或发射药]		0303
14034	催泪弹药[带有或不带有爆炸管、抛射药或发射药]		0301
14035	空中照明弹		0403,0404
14036	手榴弹或枪榴弹[练习用]		0110,0452
14037	动力装置用药包		0276,0323
14038	可燃药筒[不带底火的,空的]		0446
14039	空药筒[带底火的]		0055,0379
14040	弹药用曳光管		0306
14041	爆炸泄压装置		0173
14042	油井用药包		0278
14043	锥孔装药[外包金属的,柔性的,线型的]	空心装药	0237
14044	锥孔装药[不带雷管的]	空心装药	0440,0441
14045	民用炸药装药[不带雷管的]		0445,0444
14046	练习用弹药		0362

续上表

编号	品　名	别　名	备　注
14047	试验用弹药		0363
14048	手持信号器		0191,0373
14049	铁路轨道信号器[爆炸性的]	响墩	0193
14050	烟雾信号器[不带有爆炸音响装置的]		0197
14051	电缆爆炸切割器		0070
14052	爆炸铆钉		0174
14053	火炬信号		
14054	烟火制品[为技术目的用的]		0431,0432
14055	烟火制品 如：烟花 爆竹 鞭炮		0336,0337
14056	爆炸物质[未列名的]		0383,0384,0479, 0480,0481
14057	爆炸物品[未列名的]		0349,0350,0351, 0352,0353, 0471,0472

4.5　第5项　非常不敏感的爆炸物质

编号	品　名	别　名	备　注
15001	B型爆破用炸药		0331
15002	E型爆破用炸药		0332
15003	铵油炸药		
15004	铵沥蜡炸药		
15005	爆炸物质[未列名的]		0482
15006	爆炸物品[未列名的]		

5　第2类　压缩气体和液化气体

5.1　第1项　易燃气体

编号	品　名	别　名	备　注
21001	氢[压缩的]	氢气	1049
21002	氢[液化的]	液氢	1966
21003	氢气和甲烷混合物[压缩的]		2034
21004	氘	重氢	1957
21005	一氧化碳		1016
21006	硫化氢[液化的]		1053

续上表

编号	品　名	别　名	备　注
21007	甲烷[压缩的]		1971
	天然气[含甲烷的;压缩的]	沼气	1971
21008	甲烷[液化的]	液化甲烷	1972
	天然气[含甲烷的;液化的]	液化天然气	1972
21009	乙烷[压缩的]		1035
21010	乙烷[液化的]	液化乙烷	1961
21011	丙烷		1978
21012	正丁烷		1011
	异丁烷		1969
21013	2,2-二甲基丙烷		2044
21014	环丙烷[液化的]		1027
21015	环丁烷		2601
21016	乙烯[压缩的]		1962
21017	乙烯[液化的]	液化乙烯	1038
21018	丙烯		1077
21019	1-丁烯		1012
	2-丁烯		
21020	异丁烯		1055
21021	丙二烯[抑制了的]		2200
21022	1,3-丁二烯[抑制了的]	联乙烯	1010
21023	1,3-戊二烯[抑制了的]		
	1,4-戊二烯[抑制了的]		
21024	乙炔[溶于介质的]	电石气	1001
21025	1-丁炔[抑制了的]	乙基乙炔	2452
21026	氟甲烷	甲基氟	2454
21027	氟乙烷	乙基氟;R161	2453
21028	1,1-二氟乙烷	R152a	1030
21029	1,1,1-三氟乙烷	R143	2035
21030	氟乙烯[抑制了的]	乙烯基氟	1860
21031	1,1-二氟乙烯	偏二氟乙烯;R1132a	1959
21032	四氟乙烯[抑制了的]		1081
21033	二氟氯乙烷	R142	2517
21034	三氟氯乙烯[抑制了的]	氯三氟乙烯;R1113	1082
21035	三氟溴乙烯	溴三氟乙烯	2419
21036	氯乙烷	乙基氯	1037

续上表

编 号	品 名	别 名	备 注
21037	氯乙烯[抑制了的]	乙烯基氯	1086
21038	溴乙烯[抑制了的]	乙烯基溴	1085
21039	环氧乙烷	氧化乙烯	1040
21040	(二)甲醚		1033
21041	甲乙醚	乙甲醚;甲氧基乙烷	1039
21042	乙烯基甲醚[抑制了的]	甲基乙烯醚	1087
21043	一甲胺[无水]	氨基甲烷;甲胺	1061
21044	二甲胺[无水]		1032
21045	三甲胺[无水]		1083
21046	乙胺	氨基乙烷	1036
21047	甲硫醇	巯基甲烷	1064
21048	亚硝酸甲酯[特许的]		2455
21049	乙硼烷	二硼烷	1911
21050	四氢化硅	硅烷;甲硅烷	2203
21051	甲基氯硅烷	氯甲基硅烷	2534
21052	石油气	原油气	1071
21053	石油气[液化的]	液化石油气	1075
21054	氯甲烷和二氯甲烷混合物		1912
21055	丙炔和丙二烯混合物[稳定的]	甲基乙炔和丙二烯混合物	1060
21056	发动机燃料[含易燃气体]		1960
21057	烟雾剂类		1950
21058	烃类气体或其混合物[压缩的,未列名的]		1964
21059	烃类气体或其混合物[液化的,未列名的]		1965
21060	压缩或液化气体[易燃的,未列名的]		1954
21061	压缩或液化气体[易燃、有毒的,未列名的]		1953

5.2 第2项 不燃气体

编 号	品 名	别 名	备 注
22001	氧[压缩的]		1072
22002	氧[液化的]	液氧	1073
22003	空气[压缩的]		1002
22004	空气[液化的]		1003
22005	氮[压缩的]		1066
22006	氮[液化的]	液氮	1977
22007	氩[压缩的]	液氩	1046
22008	氩[液化的]	液氩	1963

续上表

编号	品　名	别　名	备　注
22009	氪[压缩的]	液氪	1065
22010	氪[液化的]		1913
22011	氩[压缩的]		1006
22012	氩[液化的]		1951
22013	氖[压缩的]		1056
22014	氖[液化的]	液氖	1970
22015	氙[压缩的]		2036
22016	氙[液化的]	液氙	2591
22017	一氧化二氮[压缩的]	氧化亚氮;笑气	1070
22018	一氧化二氮[液化的]	氧化亚氮;笑气	2201
22019	二氧化碳[压缩的]	碳(酸)酐	1013
22020	二氧化碳[液化的]		2187
22021	六氟化硫		1080
22022	氯化氢[无水]		1050,2186
22023	三氯化硼		1741
22024	碘化氢[无水]		2197
22025	氨溶液[含氨>35%～≤50%]		2073
	含氨肥料[含游离氨>35%]		1043
22026	稀有气体混合物 如:氦氖混合气	1979	
22027	稀有气体和氧气混合物		1980
22028	稀有气体和氮气混合物		1981
22029	二氧化碳和氧气混合物		1014
22030	二氧化碳和一氧化二氮混合物		1015
22031	二氧化碳和环氧乙烷混合物[含环氧乙烷≤6%]	二氧化碳和氧化乙烯混合物	1952
22032	三氟甲烷	R23;氟仿	1984
22033	四氟甲烷	R14	1982
22034	六氟乙烷	R116 全氟乙烷	2193
22035	八氟丙烷	全氟丙烷	2423
22036	八氟环丁烷	RC318	1976
22037	六氟丙烯	全氟丙烯	1858
22038	八氟-2-丁烯	全氟-2-丁烯	2422
	八氟异丁烯	全氟异丁烯	1983
22039	氯二氟甲烷	R22	1018

续上表

编号	品　名	别　名	备　注
22040	氯三氟甲烷	R13	1022
22041	氯三氟乙烷	R133a	
22042	氯四氟乙烷	R124	1021
22043	氯五氟乙烷	R115	1020
22044	二氯一氟甲烷	R21	1029
22045	二氯二氟甲烷	R12	1028
22046	二氯四氟乙烷	R114	1958
22047	三氯一氟甲烷	R11	
22048	氯二氟溴甲烷	R12B1	1974
22049	溴三氟甲烷	R13B1	1009
22050	氯二氟甲烷和氯五氟乙烷共沸物	R502	1973
22051	氯三氟甲烷和三氟甲烷共沸物	R503	2599
22052	二氯二氟甲烷和二氟乙烷共沸物	R500	2602
22053	压缩或液化气体[不燃,未列名的]		1956

5.3　第3项　有毒气体

编号	品　名	别　名	备　注
23001	氟[压缩的]		1045
23002	氯[液化的]	液氯	1017
23003	氨[液化的,含氨>50%]	液氨	1005
23004	溴化氢[无水]		1048
23005	磷化氢	磷化三氢;膦	2199
23006	砷化氢	砷化三氢;胂	2188
23007	硒化氢[无水]		2202
23008	锑化氢	锑化三氢;䏲	2676
23009	一氧化氮		1660
23010	一氧化氮和四氧化二氮混合物		1975
23011	三氧化二氮[特许的]	亚硝酐	2421
23012	三氧化二氮[液化的]	二氧化氮	1067
23013	二氧化硫[液化的]	亚硫酸酐	1079
23014	二氟化氧		2190
23015	三氟化氯		1749
23016	三氟化氮		2451
23017	三氟化磷		
23018	三氟化硼	氟化硼	1008
23019	四氟化硫		2418

续上表

编 号	品 名	别 名	备 注
23020	四氟化硅	氟化硅	1859
23021	五氟化氯		2548
23022	五氟化磷		2198
23023	六氟化硒		2194
23024	六氟化碲		2195
23025	六氟化钨		2196
23026	氯化溴	溴化氯	2901
23027	氯化氰	氰化氯;氯甲腈	1589
23028	氰[液化的]		1026
23029	一氧化碳和氢气混合物	水煤气	2600
23030	煤气		1028
23031	四氟(代)肼		
23032	六氟丙酮		2420
23033	羰基硫	硫化碳	2204
23034	硫酰氟	氟化磺酰	2191
23035	羰基氟	氟化碳酰	2417
23036	过氯酰氟	氟化过氯氧;氟化过氯酰	3083
23037	三氟乙酰氯	氯化三氟乙酰	3057
23038	碳酰氯	光气	1076
23039	亚硝酰氯	氯化亚硝酰	1069
23040	氯甲烷	甲基氯;R40	1063
23041	溴甲烷	甲基溴	1062
23042	二氯硅烷		2189
23043	锗烷		2192
23044	三氯硝基甲烷和氯甲烷混合物	氯化苦和氯甲烷混合物	1582
23045	三氯硝基甲烷和溴甲烷混合物	氯化苦和溴甲烷混合物	1581
23046	四磷酸六乙酯和压缩气体混合物		1612
23047	焦磷酸四乙酯和压缩气体混合物		1705
23048	二硫代焦磷酸四乙酯和压缩气体混合物		1703
23049	二氧化碳和环氧乙烷混合物[含环氧乙烷>6%]	二氧化碳和氧化乙烯混合物	1041
23050	二氯二氟甲烷和环氧乙烷混合物[含环氧乙烷≤12%]	二氯二氟甲烷和氧化乙烯混合物	3070
23051	气体杀虫剂[有毒的,未列名的]		1967,1968
23052	压缩或液化气体[有毒的,未列名的]		1955

6 第3类 易燃液体

6.1 第1项 低闪点液体

编 号	品　　名	别　　名	备　注
31001	汽油(闪点＜－18℃)		1257,1203
31002	正戊烷	戊烷	1265
	2－甲基丁烷	异戊烷	1265
31003	环戊烷		1146
31004	环己烷	六氢化苯	1145
31005	己烷及其异构体		1208
	如：正己烷	己烷	1208
	2－甲基戊烷	异己烷	1208
	2,2－二甲基丁烷	新己烷	
	2,3－二甲基丁烷	二异丙基	2457
	己烷异构体混合物		
31006	1－戊烯		1108
	2－戊烯		
31007	异戊烯		2371
	如：2－甲基－1－丁烯		2459
	3－甲基－1－丁烯	α－异戊烯	2561
	2－甲基－2－丁烯	β－异戊烯	2460
31008	环戊烯		2246
31009	1－己烯	丁基乙烯	2370
	2－己烯		
	己烯异构体		
	如：异己烯		2288
	2,3－二甲基－1－丁烯		
	2,3－二甲基－2－丁烯	四甲基乙烯	
31010	2－甲基－1－戊烯		
	3－甲基－1－戊烯		
	3－甲基－2－戊烯		
	4－甲基－1－戊烯		
	4－甲基－2－戊烯		
	2－乙基－1－丁烯		
31011	异庚烯		2287
31012	2－甲基－1,3－丁二烯[抑制了的]	异戊间二烯	1218
31013	2－氯－1,3－丁二烯[抑制了的]		1991
31014	己二烯		2458

续上表

编号	品　名	别　名	备　注
31014	如:1,3-己二烯		2458
	1,4-己二烯		2458
	1,5-己二烯		2458
	2,4-己二烯		2458
31015	甲基戊二烯		2461
31016	二环庚二烯	2,5-降冰片二烯	2251
31017	2-丁炔	巴豆炔;二甲基乙炔	1144
31018	1-戊炔	丙基乙炔	
31019	1-氯丙烷	氯(正)丙烷;丙基氯	1278
31020	2-氯丙烷	氯异丙烷;异丙基氯	2356
31021	2-氯丙烯	异丙烯基氯	2456
	3-氯丙烯	烯丙基氯;α-氯丙烯	1100
31022	乙醛		1089
31023	异丁醛		2045
31024	丙烯醛[抑制了的]		1092
31025	丙酮	二甲(基)酮	1090
31026	乙醚	二乙(基)醚	1155
31027	正丙醚	二(正)丙醚	2384
	异丙醚	二异丙(基)醚	1159
31028	甲基丙基醚	甲丙醚	2612
	乙基丙基醚	乙丙醚	2615
31029	乙烯基乙醚[抑制了的]	乙基乙烯醚	1302
		乙氧基乙烯	
31030	二乙烯基醚[抑制了的]	乙烯基醚	1167
31031	二甲氧基甲烷	甲撑二甲醚;二甲醇缩甲醛;甲缩醛	1234
	1,1-二甲氧基乙烷	二甲醇缩乙醛;乙醛缩二甲醇	2377
	二乙氧基甲烷	甲醛缩二乙醇;二乙醇缩甲醛	2373
	1,1-二乙氧基乙烷	乙叉二乙基醚;二乙醇缩乙醛;乙缩醛	1088
31032	1,2-环氧丙烷[抑制了的]	氧化丙烯;甲基环氧乙烷	1280
31033	甲硫醚	二甲硫	1164
31034	乙硫醇	硫氢乙烷;巯基乙烷	2363

续上表

编号	品名	别名	备注
31035	正丙硫醇	硫代正丙醇;1-巯基丙烷	2402
	异丙硫醇	硫代异丙醇;2-巯基丙烷	
31036	2-丁基硫醇	仲丁硫醇	1228
	叔丁基硫醇	叔丁硫醇	1228
31037	甲酸甲酯		1243
31038	甲酸乙酯		1190
31039	亚硝酸乙酯醇溶液		1194
31040	呋喃	氧杂茂	2389
31041	2-甲基呋喃		2301
31042	四氢呋喃	氧杂环戊烷	2056
31043	四氢吡喃	氧己环	
31044	甲胺水溶液	氨基甲烷水溶液	1235
31045	乙胺水溶液[浓度50%~70%]	氨基乙烷水溶液	2270
31046	二乙胺		1154
31047	1-氨基丙烷	正丙胺	1277
	2-氨基丙烷	异丙胺	1221
31048	3-氨基丙烯	烯丙胺	2334
31049	四甲基硅烷	四甲基硅	2749
31050	二硫化碳		1131
31051	锆[悬浮于易燃液体中的]		1308
31052	环氧乙烷和氧化丙烯混合物[含环氧乙烷≤30%]	氧化乙烯和氧化丙烯混合物	2983
31053	易燃液体[闪点<-18℃,未列名的]		1992,1993,2924

6.2 第2项 中闪点液体

编号	品名	别名	备注
32001	汽油[闪点-18~<23℃]		1203,1257
32002	石油醚	石油精	1271
32003	石油原油	原油	1267,1255
32004	石脑油	溶剂油	1256,2553
32005	3-甲基戊烷		1208
32006	正庚烷		1206
32007	庚烷异构体		1206
	如:2-甲基己烷		1206
	3-甲基己烷		1206
	2,2-二甲基戊烷		1206

续上表

编 号	品 名	别 名	备 注
32007	2,3－二甲基戊烷		1206
	2,4－二甲基戊烷	二异丙基甲烷	1206
	3,3－二甲基戊烷	2,2－二乙基丙烷	1206
	3－乙基戊烷		1206
	2,2,3－三甲基丁烷		1206
32008	正辛烷		1262
32009	辛烷异构体		1262
	如:异辛烷		1262
	2,2,3－三甲基戊烷		1262
	2,2,4－三甲基戊烷		1262
	2,3,4－三甲基戊烷		1262
	2,2－二甲基己烷		1262
	2,3－二甲基己烷		1262
	2,4－二甲基己烷		1262
	3,3－二甲基己烷		1262
	3,4－二甲基己烷		1262
	2－甲基庚烷		1262
	3－甲基庚烷		1262
	4－甲基庚烷		1262
	3－乙基己烷		1262
	2－甲基－3－乙基戊烷		1262
32010	2,2,4－三甲基己烷		
	2,2,5－三甲基己烷		
32011	环戊烷衍生物		
	如:甲基环戊烷		2298
	乙基环戊烷		
	1,1－二甲基环戊烷		
	1,2－二甲基环戊烷		
	1,3－二甲基环戊烷		
	正丙基环戊烷		
32012	环己烷衍生物		
	如:甲基环己烷	六氢(化)甲苯;环己基甲烷	2296,2263
	1,1－二甲基环己烷		
	1,2－二甲基环己烷		2263
	1,3－二甲基环己烷		2263

续上表

编号	品　名	别　名	备　注
32012	1,4-二甲基环己烷		2263
	叔丁基环己烷	特丁基环己烷;环己基叔丁烷	2263
32013	环庚烷		2241
32014	3-甲基-1-丁烯	异丙基乙烯	2561
32015	1-庚烯	正庚烯;正戊基乙烯	2278
	2-庚烯		
	3-庚烯		
32016	1-辛烯		
	2-辛烯		
32017	辛烯异构体		
	如:异辛烯		1216
	2,4,4-三甲基-1-戊烯		2050
	2,4,4-三甲基-2-戊烯		2050
32018	辛二烯		2309
32019	2,6-二甲基-3-庚烯		
32020	1-甲基-1-环戊烯		
32021	1,3-环戊二烯		
32022	环己烯	1,2,3,4-四氢化苯	2256
32023	环己烯衍生物		
	4-甲基-1-环己烯		
	4-乙烯-1-环己烯		
32024	1,3-环己二烯	1,2-二氢苯	
	1,4-环己二烯	1,4-二氢苯	
32025	环庚烯		2242
32026	1,3,5-环庚三烯	环庚三烯	2603
32027	环辛烯		
32028	1,3,5,7-环辛四烯	环辛四烯	2358
32029	1-己炔		
	2-己炔		
	3-己炔		
32030	1-庚炔	正庚炔	
32031	1-辛炔		
	2-辛炔		
	3-辛炔		

续上表

编号	品名	别名	备注
32031	4-辛炔		
32032	异丙烯基乙炔		
32033	1-氯丁烷	正丁基氯;氯代正丁烷	1127
	氯代异丁烷	异丁基氯	
	2-氯丁烷	仲丁基氯;氯代仲丁烷	
	氯代叔丁烷	叔丁基氯;特丁基氯	
32034	氯代正戊烷	正戊基氯	1107
	1-氯-3-甲基丁烷	异戊基氯;氯代异戊烷	
32035	1,1-二氯乙烷	乙叉二氯	2362
	1,2-二氯乙烷	乙撑二氯;亚乙基二氯;1,2-二氯化乙烯	1184
32036	1,2-二氯丙烷	二氯化丙烯	1279
32037	氯化环戊烷		
32038	1-氯-2-丁烯		
	3-氯-1-丁烯		
32039	1-氯-2-甲基-2-丙烯	2-甲基-3-氯丙烯;甲基烯丙基氯;氯化异丁烯	2554
32040	1,1-二氯乙烯[抑制了的]	偏二氯乙烯	1303
	1,2-二氯乙烯	二氯化乙炔	1150
32041	2,3-二氯丙烯		2047
32042	2-溴丙烷	异丙基溴;溴代异丙烷	2344
32043	1-溴丁烷	正丁基溴;溴代正丁烷	1126
	1-溴-2-甲基丙烷	异丁基溴;溴代异丁烷	2342
	2-溴丁烷	仲丁基溴;溴代仲丁烷	2339
	2-溴-2-甲基丙烷	叔丁基溴;特丁基溴;溴代叔丁烷	
32044	1-溴-3-甲基丁烷	异戊基溴;溴代异戊烷	2341
	2-溴戊烷	仲戊基溴;溴代仲戊烷	2343
32045	3-溴-1-丙烯	烯丙基溴	1099
32046	3-溴丙炔		2345
32047	1-碘丙烷	正丙基碘;碘代正丙烷	2392
	2-碘丙烷	异丙基碘;碘代异丙烷	
32048	1-碘-2-甲基丙烷	异丁基碘;碘代异丁烷	2391
	2-碘丁烷	仲丁基碘;碘代仲丁烷	2390
	2-碘-2-甲基丙烷	叔丁基碘;碘代叔丁烷	

续上表

编号	品 名	别 名	备注
32049	3-碘-1-丙烯	烯丙基碘;碘代烯丙基	1723
	3-碘-2-丙烯	丙烯基碘;碘代丙烯	
32050	苯	纯苯	1114
	溶剂苯		
32051	粗苯	动力苯;混合苯	
	重质苯		
32052	甲基苯	甲苯	1294
32053	乙基苯	乙苯	1175
32054	氟代苯	氟苯	2387
32055	1,2-二氟苯	邻二氟苯	
	1,3-二氟苯	间二氟苯	
	1,4-二氟苯	对二氟苯	
32056	2-氟甲苯	邻氟甲苯;邻甲(基)氟苯;2-甲(基)氟苯	2388
	3-氟甲苯	间氟甲苯;间甲(基)氟苯;3-甲(基)氟苯	2388
	4-氟甲苯	对氟甲苯;对甲(基)氟苯;4-甲(基)氟苯	2388
32057	三氟甲苯		2338
32058	甲醇		1230
32059	黄染料母醇10%甲醇溶液	砹吨氢醇10%甲醇溶液	
32060	甲醇钠甲醇溶液	甲醇钠合甲醇	1289
32061	乙醇[无水]	无水酒精	1170
	乙醇溶液[闪点-18~<23℃]	酒精溶液	
	变性乙醇	变性酒精	
32062	硝化甘油乙醇溶液[含硝化甘油≤5%]		1204,3064
32063	乙醇钠乙醇溶液	乙醇钠合乙醇	
32064	1-丙醇	正丙醇	1274
	2-丙醇	异丙醇	1219
32065	2-丙烯-1-醇	烯丙醇;蒜醇	1098
32066	2-甲基-2-丙醇	三甲基甲醇;特丁醇;叔丁醇	1120
32067	丙醛		1275
32068	正丁醛		1129
32069	正戊醛		2058

续上表

编 号	品 名	别 名	备 注
32069	3-甲基丁醛	异戊醛	
32070	2-乙基丁醛	二乙基乙醛	1178
32071	2-丁烯醛[抑制了的]	巴豆醛;β-甲基丙烯醛	1143
32072	α-甲基丙烯醛	异丁烯醛	2396
32073	2-丁酮	乙基甲基酮;甲乙酮	1193
32074	1-甲基-2-丁酮	甲基异丙基(甲)酮	2397
32074	2-戊酮	甲(基)丙(基)酮	1249
32074	3-戊酮	二乙(基)酮	1156
32075	3-甲基-2-戊酮	甲基仲丁基(甲)酮	
32075	4-甲基-2-戊酮	甲基异丁基(甲)酮;异己酮	1245
32075	2-甲基-3-戊酮	乙基异丙基(甲)酮	
32076	2,4-二甲基-3-戊酮	二异丙基甲酮	
32077	4-羟基-4-甲基-2-戊酮	双丙酮醇	1148
32078	3-丁烯-2酮	甲基乙烯基(甲)酮;丁烯酮	1251
32079	1-戊烯-3-酮	乙烯乙基甲酮	
32080	甲基异丙烯(甲)酮[抑制了的]		1246
32081	二甲基(乙)二酮	双乙酰;丁二酮	2346
32082	三氟丙酮		
32083	甲基正丁基醚	1-甲氧基丁烷;甲丁醚	2350
32084	甲基叔丁基醚		2398
32085	乙基正丁基醚	乙氧基丁烷;乙丁醚	1179
32086	乙基烯丙基醚	烯丙基乙基醚	2335
32087	正丁基乙烯(基)醚[抑制了的]	正丁氧基乙烯;乙烯(基)正丁醚	2352
32087	异丁基乙烯(基)醚[抑制了的]	乙烯(基)异丁醚;异丁氧基乙烯	1304
32088	二烯丙基醚	烯丙基醚	2360
32089	氯甲基甲醚	甲基氯甲醚	1239
32090	氯甲基乙醚		2354
32091	乙烯(2-氯乙基)醚	(2-氯乙基)乙烯醚	
32092	2-溴乙基乙醚		2340
32093	1,2-二甲氧基乙烷	乙二醇二甲醚;二甲基溶纤剂	2252
32094	2,2-二甲氧基丙烷		

续上表

编号	品名	别名	备注
32095	3,3-二乙氧基丙烯	丙烯醛二乙缩醛;二乙基缩醛丙烯醛	2374
32096	二氧戊环	乙二醇缩甲醛	1166
32097	1,2-环氧丁烷[抑制了的]	氧化丁烯	3022
32098	1,4-二氧杂环己烷	二噁烷;1,4-二氧己环	1165
32099	2,5-二甲基呋喃	2,5-二甲基氧(杂)茂	
32100	2-甲基四氢呋喃	四氢-2-甲基呋喃	2536
32101	氧茚	苯并呋喃;香豆酮;古马隆	
32102	2,3-二氢吡喃		2376
32103	四氢化吡咯	吡咯烷;甲氢氮杂茂	1922
32104	吡啶	氮杂苯	1282
32105	1,2,5,6-四氢吡啶		2410
32106	哌啶	六氢吡啶;氮己环	2401
32107	N-甲基哌啶	N-甲基六氢吡啶	2399
	2-甲基哌啶	2-甲基六氢吡啶	
	3-甲基哌啶	3-甲基六氢吡啶	
	4-甲基哌啶	4-甲基六氢吡啶	
32108	N-乙基哌啶	N-乙基六氢吡啶	2386
32109	N-甲基吗啉		2535
32110	噻吩	硫杂茂;硫代呋喃	2414
32111	四氢噻吩	四甲撑硫;四氢硫杂茂	2412
32112	3-甲基噻吩	甲基硫茂	
32113	硫代乙酸	硫代醋酸	2436
32114	二硫化二甲基	二甲二硫;甲基化二硫	2381
32115	(二)乙硫醚	硫代乙醚;二乙硫	2375
32116	正丁硫醇	1-硫代丁醇	2347
	2-甲基-1-丙硫醇	异丁硫醇	
32117	1-戊硫醇	正戊硫醇	1111
	3-甲基-1-丁硫醇	异戊硫醇	
	2-甲基-2-丁硫醇	叔戊硫醇;特戊硫醇	
	2-甲基-1-丁硫醇		
	戊硫醇异构体混合物		
32118	2-丙烯-1-硫醇	烯丙基硫醇	
32119	乙酰氯	氯(化)乙酰	1717
32120	丙酰氯	氯(化)丙酰	1815

续上表

编 号	品 名	别 名	备 注
32121	正丁酰氯	氯(化)丁酰	2353
	异丁酰氯	氯(化)异丁酰	2395
32122	甲酸正丙酯		
	甲酸异丙酯		1281
32123	甲酸正丁酯		1128
	甲酸异丁酯		2393
32124	原甲酸(三)甲酯	三甲氧基甲烷	
32125	甲酸烯丙酯		2336
32126	乙酸甲酯	醋酸甲酯	1231
32127	乙酸乙酯	醋酸乙酯	1173
32128	乙酸正丙酯	醋酸正丙酯	1276
	乙酸异丙酯	醋酸异丙酯	1220
32129	乙酸三甲酯	1,1,1-三甲氧基乙烷	
32130	乙酸正丁酯	醋酸正丁酯	1123
	乙酸异丁酯	醋酸异丁酯	1123
	乙酸仲丁酯	醋酸仲丁酯	1123
	乙酸叔丁酯	醋酸叔丁酯	1123
32131	乙酸乙烯酯[抑制了的]	乙烯基乙酸酯;醋酸乙烯酯	1301
32132	乙酸异丙烯酯	醋酸异丙烯酯	2403
32133	乙酸烯丙酯	醋酸烯丙酯	2333
32134	三氟乙酸乙酯	三氟醋酸乙酯	
32135	丙酸甲酯		1248
32136	丙酸乙酯		1195
32137	丙酸异丙酯		2409
32138	丙酸异丁酯		2394
	丙酸仲丁酯		
32139	丙酸烯丙酯		
32140	正丁酸甲酯		1237
	异丁酸甲酯		
32141	异丁酸乙酯		2385
32142	异丁酸异丙酯		2406
32143	正丁酸乙烯酯[抑制了的]	乙烯基丁酸酯	2838
32144	正戊酸甲酯		
	异戊酸甲酯		2400
32145	2,2-二甲基丙酸甲酯	三甲基乙酸甲酯	

续上表

编 号	品 名	别 名	备 注
32146	丙烯酸甲酯[抑制了的]		1919
32147	丙烯酸乙酯[抑制了的]		1917
32148	丁烯酸甲酯	巴豆酸甲酯	
	丁烯酸乙酯	巴豆酸乙酯	1862
32149	异丁烯酸甲酯[抑制了的]	甲基丙烯酸甲酯;牙托水;有机玻璃体	1247
	2277	异丁烯酸乙酯[抑制了的]	甲基丙烯酸乙酯
32150	氯甲酸甲酯		1238
32151	氯甲酸乙酯		1182
32152	氯甲酸异丙酯		2407
32153	亚硝酸酯类化合物		
	如:亚硝酸正丙酯		
	亚硝酸异丙酯		
	亚硝酸正丁酯		2351
	亚硝酸异丁酯		2351
	亚硝酸正戊酯		1113
	亚硝酸异戊酯		1113
32154	硝酸乙酯醇溶液		
32155	硝酸正丙酯		1865
	硝酸异丙酯		1222
32156	硼酸(三)甲酯	三甲氧基硼烷	2416
	硼酸(三)乙酯	三乙氧基硼烷	1176
32157	碳酸(二)甲酯		1161
32158	钛酸(四)乙酯	四乙氧基钛	
	钛酸(四)正丙酯		2413
	钛酸(四)异丙酯		
32159	乙腈	甲基氰	1648
32160	丙腈	乙基氰	2404
32161	正丁腈	丙基氰	2411
	异丁腈	异丙基氰	2284
32162	丙烯腈[抑制了的]	氰(基)乙烯	1093
32163	甲基丙烯腈[抑制了的]		3079
32164	异氰酸酯类[易燃的]		
	如:异氰酸甲酯		2480
	异氰酸乙酯		2481

续上表

编号	品　名	别　名	备注
32164	异氰酸正丙酯		2482
	异氰酸异丙酯		2483
	异氰酸正丁酯		2485
	异氰酸异丁酯		2486
	异氰酸叔丁酯		2484
	甲氧基异氰酸甲酯	甲氧基甲基异氰酸酯	2605
32165	硫代异氰酸甲酯	异硫氰酸甲酯；甲基芥子油	2477
32166	二甲胺溶液		1160
32167	三甲胺溶液		1297
32168	三乙胺		1296
32169	混胺-02		
32170	二(正)丙胺		2383
	二异丙胺		1158
32171	N,N-二甲基丙胺		2266
32172	正丁胺	1-氨基丁烷	1125
	异丁胺	1-氨基-2-甲基丙烷	1214
	仲丁胺	2-氨基丁烷	
	叔丁胺	2-氨基-2-甲基丙烷；特丁胺	
32173	N-甲基(正)丁胺		2945
32174	二仲丁胺		
32175	正戊胺	1-氨基戊烷	1106
	异戊胺	1-氨基-3-甲基丁烷	
	仲戊胺	1-甲基丁胺	
32176	1,3-二甲基丁胺	2-氨基-4-甲基戊烷	2379
32177	N,N-二异丙基乙胺	N-乙基二异丙胺	
32178	N,N,N',N'-四甲基乙二胺	1,2-双(二甲基氨基)乙烷	2372
32179	二烯丙(基)胺		2359
32180	丙烯亚胺[抑制了的]	甲基氮丙环	1921
32181	环戊胺	氨基环戊烷	
32182	六亚甲基亚胺		2493
32183	甲基肼	甲基联胺	
32184	1,1-二甲基肼	二甲基肼[不对称]	1163
	1,2-二甲基肼	二甲基肼[对称]	2382
32185	六甲基二硅烷胺	六甲基二硅亚胺	

续上表

编号	品名	别名	备注
32186	有机硅烷化合物		
	如:甲基三氯硅烷	三氯甲基硅烷	1250
	二甲基二氯硅烷	二氯二甲基硅烷	1162
	三甲基氯硅烷	氯化三甲基硅烷	1298
	乙基三氯硅烷	三氯乙基硅烷	1196
	乙烯(基)三氯硅烷[抑制了的]	三氯乙烯硅烷	1305
	二甲基二乙氧基硅烷	二乙氧基二甲基硅烷	2380
	三甲基乙氧基硅烷	乙氧基三甲基硅烷	
	六甲基二硅烷		
32187	六甲基二硅醚	六甲基氧二硅烷	
32188	正硅酸甲酯	四甲氧基硅烷;硅酸四甲酯;原硅酸甲酯	2606
32189	二乙基硒		
32190	硝化纤维素溶液[含氮量≤12.6%,含硝化纤维素≤55%]	硝化棉溶液	2059
32191	杜仲胶溶液	古塔波胶溶液	1205
32192	焦油		
	如:煤焦油		1136
	松焦油		
32193	含丙酮的制品		
	如:去光水		
	二硫化钼润滑膜		
	电子束管石墨乳		
	电子数码管石墨乳		
32194	含苯或甲苯的制品		
	如:分离焦油		
	塑料印油		
	偶氮紫苯溶液		
	塑料薄膜油墨		
	闪烁液		
32195	含乙醇或乙醚的制品		
	如:天青醇溶液		
	引擎开导剂	发动机冷起动装置起动液	
	水准器泡	水平泡	
	正硅酸乙酯包埋液		

续上表

编 号	品 名	别 名	备 注
32195	记号笔墨水		
	尼古劳定溶液		
	尼龙丝网感光浆		
	阳离子表面活性洗涤剂		
	防灰剂		
	红磷溶液		
	苄氯菊酯乙醇溶液	灭害灵浓液	
	鸡眼水		
	苯乙酸乙醇溶液		
	金属络合染料[皮革用]		
	贴胡胶		
	染皮鞋水		
	胶体石墨乙醇制剂		
	烟用香精		
	着色渗透剂[金属探伤用]		
	硫汞白癫疯擦药		
	照相红碘水		
	打字蜡纸改正液		
	打字机洗字水		
	醇溶凹印油墨		
32196	含一级易燃溶剂的胶粘剂[闪点-18~<23℃]		1133
	如:丙烯酸酯胶粘剂		
	氯丁酚醛胶粘液	强力胶	
	聚氨基甲酸酯胶粘剂	地面敷料	
	202胶粘剂	列克那胶;气缸床垫胶;列克纳	
	301胶粘剂	BS-3胶	
	303胶粘剂		
	730胶粘剂		
	1452#胶粘剂	有机硅云母胶	
	JX-15胶粘剂		
	JY-7胶粘剂		
	SF-5胶粘剂		
	传真纸粘合剂		

续上表

编号	品名	别名	备注
32196	聚氨酯粘合剂		
	嫌气性密封粘合剂	DAD-2胶	
	聚氨酯导电粘合剂	JX-5胶	
	酚醛·丁腈粘合剂	JE-1胶	
	酚醛·缩醛有机硅粘合剂	201#、204#、205#粘合剂	
	酚醛·缩醛粘合剂	6胶	
	聚乙烯醇缩醛胶		
	聚硅氧橡皮基印模膏		
	多用粘结胶		
	FS203C胶		
	压敏胶		
	过氯乙烯胶		
	体患除凝胶		
	汽车门窗胶		
	橡胶金属胶	金属密着胶	
	液体密封胶		
	聚氨酯涂层胶	黑色防声隔热涂料	
	黑醇酸隔热胶		
	橡胶水		
	蜡纸胶水		
	氟橡胶胶浆		
	硝基胶液		
	缩醛胶液		
	缩醛烘干胶液		
	硅酸苯悬浮液		
	聚氨酯化学灌浆材料	FT-901堵固剂;氰凝	
	伏栏	甲基丙烯酸氯化铬[浸在异丙醇溶液中的]	
32197	含一级易燃溶剂的合成树脂[闪点-18~<23℃]		1866
	如:醇酸树脂		
	酚醛树脂		
	机硅树脂		
	环氧树脂		

续上表

编 号	品 名	别 名	备 注
32198	含一级易燃溶剂的油漆、辅助材料及涂料［闪点 −18 ~ <23℃］		1139,1263,1293
	如:乙烯防腐漆		
	丙烯酸清烘漆		
	丙烯酸清漆		
	丙烯酸漆稀释剂		
	脱漆剂		
	甲级清喷漆［静电用］		
	7110 甲聚氨酯固化剂		
	再生胶沥青涂料		
	有机硅建筑防水剂		
	有机硅漆稀释剂		
	过氯乙烯木器漆		
	过氯乙烯可剥漆		
	过氯乙烯底漆		
	过氯乙烯清漆		
	过氯乙烯磁漆		
	过氯乙烯防腐清漆		
	过氯乙烯防腐磁漆		
	过氯乙烯防腐漆		
	过氯乙烯防潮清漆		
	过氯乙烯锤纹漆		
	过氯乙烯锤纹漆稀释剂		
	过氯乙烯漆稀释剂		
	虫胶清漆	泡立水;虫胶液	
	纤维素漆		
	沥青漆稀释剂		
	环氧漆固化剂		
	环氧漆稀释剂		
	氨基漆稀释剂		
	氨基静电漆稀释剂		
	FM 涂料	蜂蜜桶内壁涂料	
	酚醛皱纹漆稀释剂		
	银幕白漆		
	偏氯乙烯清漆		

续上表

编号	品　名	别　名	备注
32198	硝基木器清漆	硝基腊克	
	硝基底漆		
	硝基透明清漆		
	硝基清漆		
	硝基磁漆		
	硝基绝缘漆		
	硝基铅笔漆[包括底漆]		
	硝基涂布清漆		
	硝基铝箔清漆		
	硝基铝箔漆稀释剂		
	硝基裂纹漆		
	硝基锤纹漆		
	硝基静电清烘漆		
	硝基漆防潮剂		
	硝基漆稀释剂	香蕉水	
	硝基罐头漆		
	PM2035 溶液		
	聚苯乙烯塑料地板漆		
	聚氨酯漆稀释剂	聚酯氨基稀释剂	
	聚酯树脂清漆		
	聚酯漆包线漆稀释剂		
	聚酯漆稀释剂		
	缩醛漆稀释剂		
	醇酸漆稀释剂		
	磷化底漆		
	磷化液		
32199	含一级易燃溶剂的其他制品[闪点 –18 ~ <23℃]		
	如：显影液		
	分散液		
	汽油氯仿混合液		
	荧光探伤液		
	卡尔费休试剂		
	皮革光滑剂		1210
	皮革顶层涂饰剂	鞋用光亮剂	

续上表

编　号	品　　名	别　　名	备　注
32199	皮革光亮剂		
	印刷油墨		
	快干助焊剂		
	氢化可的松涂膜剂		
	汽油稀型防锈油		
	半干型防锈油		
	洗油	亮光油；亮油；上光油	
	溶剂稀释型防锈油		
	薄层防锈油		
	皮肤防护膜		
	镜头水		
	电子束光刻胶		
	胶套		
	胶帽		
	封口胶		
	香料制品		3266
32200	易燃液体[闪点-18～<23℃,未列名的]		1992,1993,2924

附录四

包装储运图示标志

Packaging-Pictorial Marking for Handling of Goods(GB/T 191—2008)

前 言

本标准修改采用国际标准 ISO 780:1997《包装储运图示标志》,主要差异如下:

①在国际标准三种规格的基础上,增加了 50mm 的规格尺寸。

②在 4.1 标志的使用中增加了"印制标志时,外框线及标志名称都要印上,出口货物可省略中文标志名称和外框线;喷涂时,外框线及标志名称可以省略"。

③在表 1 中增加了每个标志的完整图形。

本标准代替 GB/T 191—2000《包装储运图示标志》。

本标准与 GB/T 191—2000 相比主要变化如下:

①取消了标志在包装件上的粘贴位置。

②在附表 4-1 中增加了标志图形一栏。

本标准由全国包装标准化技术委员会提出并归口。

本标准起草单位:铁道部标准计量研究所、北京出入境检验检疫协会。

本标准所代替标准的历次版本发布情况为:

①GB/T 191—1963、GB/T 191—1973、GB/T 191—1985、GB/T 191—1990、GB/T 191—2000。

②GB 5892—1985。

1 范围

本标准规定了包装储运图示标志(以下简称标志)的名称、图形符号、尺寸、颜色及应用方法。

本标准适用于各种货物的运输包装。

2 标志的名称和图形符号

标志由图形符号、名称及外框线组成,共 17 种,见附表 4-1。

3 标志尺寸和颜色

3.1 标志尺寸

标志外框为长方形,其中图形符号外框为正方形,尺寸一般分为 4 种,见附表 4-2。如遇包装尺寸过大或过小,可等比例放大或缩小。

标志名称和图形

附表 4-1

序号	标志名称	图形符号	标 志	含 义	说明及示例
1	易碎物品		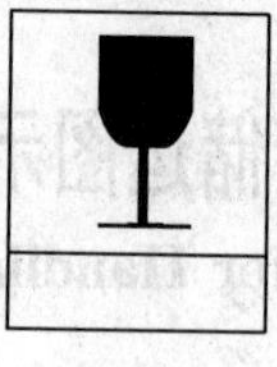	表明运输包装件内装易碎品,搬运时应小心轻放	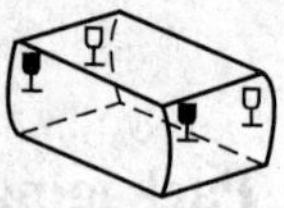
2	禁用手钩			表明搬运运输包装件时禁用手钩	
3	向上			表明该运输包装件在运输时应竖直向上	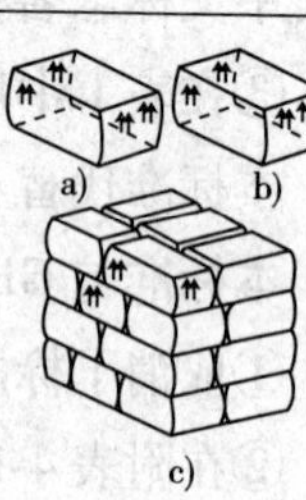 a) b) c)
4	怕晒		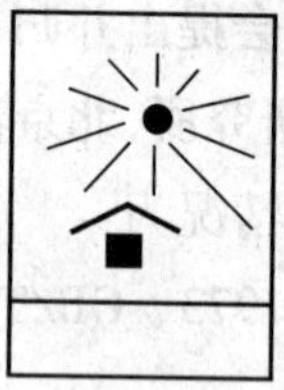	表明该运输包装件不能直接照晒	
5	怕辐射			表明该物品一旦受辐射便会变质或损坏	
6	怕雨			表明该包装件怕雨淋	
7	重心		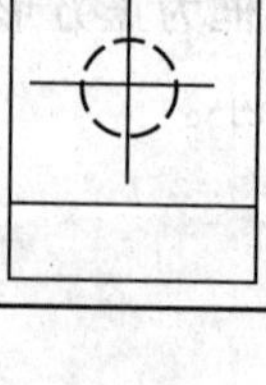	表明该包装件的重心位置,便于起吊	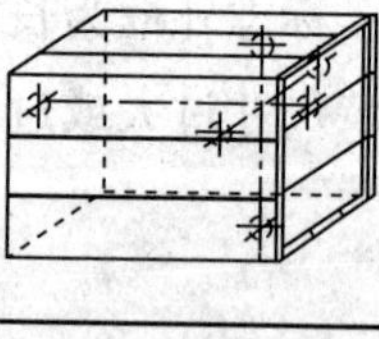

续上表

序号	标志名称	图形符号	标志	含义	说明及示例
8	禁止翻滚			表明搬运时不能翻滚该运输包装件	
9	此面禁用手推车			表明搬运货物时此面禁放在手推车上	
10	禁用叉车			表明不能用升降叉车搬运的包装件	
11	由此夹起			表明搬运货物时可用夹持的面	
12	此处不能卡夹			表明搬运货物时不能用夹持的面	
13	堆码质量极限			表明该运输包装件所能承受的最大质量极限	
14	堆码层数极限			表明可堆码相同运输包装件的最大层数	包含该包装件，n 表示从底层到顶层的总层数。

续上表

序号	标志名称	图形符号	标志	含义	说明及示例
15	禁止堆码			表明该包装件只能单层放置	
16	由此吊起			表明起吊货物时挂绳索的位置	本标志应标在实际的起吊位置上
17	温度极限			表明该运输包装件应该保持的温度范围	a) b)

图形符号及标志外框尺寸（单位：mm） 附表 4-2

序号	图形符号外框尺寸	标志外框尺寸
1	50×50	50×70
2	100×100	100×140
3	150×150	150×210
4	200×200	200×280

3.2 标志的颜色

标志颜色一般为黑色。

如果包装的颜色使得标志显得不清晰，则应在印刷面上用适当的对比色，黑色标志最好以白色作为标志的底色。

必要时，标志也可使用其他颜色。除非另有规定，一般应避免采用红色、橙色或黄色，以避免同危险品标志相混淆。

4 标志的应用方法

4.1 标志的使用

可采用印刷、粘贴、拴挂、钉附及喷涂等方法。印刷时，外框线及标志名称都要印上，出口货物可省略中文标志名称和外框线；喷涂时，外框线及标志名称可以省略。

4.2 标志的数目和位置

4.2.1 一个包装件上使用相同标志的数目，应根据包装件的尺寸和形状决定。

4.2.2 标志应标注在显著位置上,下列标志的使用应按如下规定：

a. 标志1"易碎物品"应标在包装件所有四个侧面的左上角处(见附表4-1标志1的说明及示例)。

b. 标志3"向上"应标在与标志1相同的位置上(见附表4-1中标志3示例a所示)。当标志1和标志3同时使用时,标志3应更接近包装箱角(见附表4-1标志3示例b所示)。

c. 标志7"重心"应尽可能标在包装件所有六个面的重心位置上,否则至少应标在包装件2个侧面和2个端面的重心位置上(见附表4-1标志7的说明及示例)。

d. 标志11"由此夹起"只能用于可夹持的包装件,标注位置应为可夹持位置的两个相对面上,以确保作业时标志在作业人员的视线范围内。

e. 标志16"由此吊起"至少应标注在包装件的两个相对面上(见附表4-1标志16的说明及示例)。

附录五

运输包装收发货标志

Transport Package Shipping Mark（GB 6388—1986）

本标准规定了铁路、公路、水路和空运的货物外包装上的分类标志及其他标志和文字说明的事项及其排列的格式。

1 含义

外包装件上的商品分类图示标志及其他标志和其他的文字说明排列格式的总称为收发货标志。

2 内容

内容详见附表5-1。

铁路、公路、水路和空运的货物外包装上的分类标志　　　　附表5-1

序号	代号	项目 中文	项目 英文	含义
1	FL	商品分类图示标志	CLASSIFICATION MARKS	表明商品类别的特定符号。见本标准第3章
2	GH	供货号	CONTRACT NO	供应该批货物的供货清单号码（出口商品用合同号码）
3	HH	货号	ART NO	商品顺序编号。以便出入库，收发货登记和核定商品价格
4	PG	品名规格	SPECIFICA TIONS	商品名称或代号，标明单一商品的规格、型号、尺寸、花色等
5	SL	数量	QUANTITY	包装容器内含商品的数量
6	ZL	质量（毛重）（净重）	GBOSS WT NET WT	包装件的质量（kg），包括毛重和净重
7	CQ	生产日期	DATE OF PRODUCTION	产品生产的年、月、日
8	CC	生产工厂	MANUFACTURER	生产该产品的工厂名称
9	TJ	体积	VOLUME	包装件的外径尺寸长(m)×宽(m)×高(m)＝体积(m³)
10	XQ	有效期限	TERM OF VAIIDITY	商品有效期至×年×月
11	SH	收货地点和单位	PLACE OF DESTINATION AND CONSIGNEE	货物到达站、港和某单位（人）收（可用贴签或涂写）

续上表

序号	项目			含义
	代号	中文	英文	
12	FH	发货单位	CONSIGNOR	发货单位(人)
13	YH	运输号码	SHIPPING No	运输单号码
14	JS	发运件数	SHIPPING PIECES	发运的件数
说 明	1.分类标志一定要有,其他各项合理选用。 2.外贸出口商品根据国外客户要求,以中、外文对照,印制相应的标志和附加标志。 3.国内销售的商品包装上不填英文项目。			

3 商品分类图示标志

3.1 图示标志尺寸见附表5-2。

图示标志尺寸表(单位:mm)   附表5-2

包装件高度 (袋按长度)	分类图案尺寸	图形的具体参数		备 注
		外框线宽	内框线宽	
500 及以下	50×50	1	2	平视距离5m,包装标志清晰可见
500~1000	80×80	1	2	
1000 以上	100×100	1	2	平视距离10m,包装标志清晰可见

3.2 图示标志图形

12 类图形,见附图5-1至附图5-12。

附图5-1

附图5-2

附图5-3

附图5-4

附图5-5

附图5-6($R=8.5$mm)

附图5-7

附图5-8($R=1$cm)

附图5-9($R=1.6$cm)

附图5-10

附图5-11

附图5-12

4　收发货标志的字体

标志的全部内容，中文都用仿宋体字，代号用汉语拼音大写字母；数码用阿拉伯数码，英文用大写的拉丁文字母。标志必须清晰、醒目，不脱落、不褪色。

5　收发货标志的颜色

5.1 纸箱、纸袋、塑料袋、钙塑箱，按商品类别以表3规定的颜色用单色印刷。见附表5-3。

标志颜色表　　　　　　　　　　　　　　　　　　　　附表5-3

商品类别	颜　色	商品类别	颜　色
百货类	红色	医药类	红色
文化用品类	红色	食品类	绿色
五金类	黑色	农副产品类	绿色
交电类	黑色	农药	黑色
化工类	黑色	化肥	黑色
针纺类	绿色	机械	黑色

参考色样见附表5-4。

参考色样表　　　　　　　　　　　　　　　　　　　　附表5-4

红色	
绿色	
黑色	

5.2 麻袋、布袋用绿色或黑色印刷，木箱、木桶不分类别，一律用黑色印刷，铁桶用黑、红、绿、蓝底印白字，灰底印黑字，表内未包括的其他商品，包装标志的颜色按其属性归类。

6　收发货标志的方式

6.1 印刷

适用于纸箱、纸袋、钙塑箱和塑料袋。在包装容器制造过程中，将需要的项目按5.1规定印刷在包装容器上。有些不固定的文字和数字在商品出厂和发运时填写。

6.2 刷写

适用于木箱、桶、麻袋、布袋和塑料编织袋。利用印模、镂模，按5.2规定涂写在包装容器上。要求醒目、牢固。

6.3 粘贴

对于不固定的标志，如收货单位和到达站需要临时确定，所以先将需要的项目印刷在$60g/m^2$以上的白纸或牛皮纸上，然后粘贴在包装件有关栏目内。

6.4 拴挂

对于不便印刷、刷写的运输包装件筐、篓、捆扎件,将需要的项目印刷在不低于120g/m²的牛皮纸或布、塑料薄膜、金属片上,拴挂包装件上(不得用于出口商品包装)。

7　标志位置

7.1 六面体包装件的分类图示标志位置,按 GB 3538—83《运输包装件各部位的标志方法》标志部位,放在包装件5、6两面的左上角。收发货标志的其他各项,见附图5-13至附图5-15。

7.2 袋类包装件的分类图示标志放在两大面的左上角,收发货标志的其他各项,见附图5-13。

7.3 桶类包装的分类图示标志放在左上方,收发货标志的其他各项,见图附图5-14。

7.4 筐、篓捆扎件等拴挂式收发货标志,应拴挂在包装件的两端,草包、麻袋拴挂在包装件的两上角,见附图5-15。

7.5 粘贴标志应贴在包装件的5、6两个面的有关栏目内。

7.6 其他的标志按《危险货物包装标志》(GB 190—2009)、《包装储运图示标志》(GB 191—2008)等的规定执行。

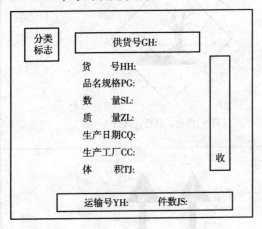

附图5-13

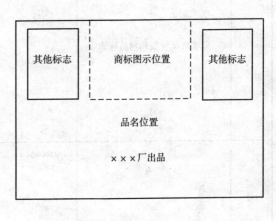

附图5-14

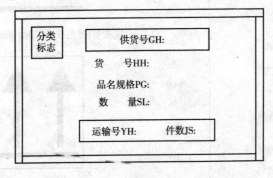

附图5-15

附录六

危险货物包装标志

[摘自《危险货物包装标志》(GB 190—2009)]

3 标志分类

标志分为标记(见附表6-1)和标签(见附表6-2)。标记4个,标签20个,其图形分别标示了9类危险货物的主要特性。

标　记　　　　　　　　　　　　　　　附表6-1

序号	标记名称	标记图形
1	危害环境物质和物品标志	(符号:黑色。底色:白色)
2	方向标记	(符号:黑色或正红色。底色:白色) (符号:黑色或正红色。底色:白色)

续上表

序号	标记名称	标记图形
3	高温物品标记	 (符号:正红色。底色:白色)

标　签　　　　　　　　　　　　　附表 6-2

序号	标签名称	标签图形	对应的危险货物类项号
1	爆炸性物质或物品	 (符号:黑色。底色:橙红色)	1.1 1.2 1.3
		 (符号:黑色。底色:橙红色) 1.4	1.4
		 (符号:黑色。底色:橙红色) 1.5	1.5

续上表

序号	标 签 名 称	标 签 图 形	对应的危险货物类项号
1	爆炸性物质或物品	(符号:黑色。底色:橙红色) **项号的位置—如果爆炸性是次要危险性,留空白。 *配装组字母的位置—如果爆炸性是次要危险性,留空白。	1.6
2	易燃气体	(符号:黑色。底色:正红色) (符号:白色。底色:正红色)	2.1
	非易燃无毒气体	(符号:黑色。底色:绿色) (符号:白色。底色:绿色)	2.2

续上表

序号	标签名称	标签图形	对应的危险货物类项号
2		(符号:黑色。底色:底色)	2.3
3	易燃液体	(符号:黑色。底色:正红色) (符号:白色。底色:正红色)	3
4	易燃固体	(符号:黑色。底色:白色红条)	4.1
	易于自燃物品	(符号:黑色。底色:上白下红)	4.2

续上表

序号	标签名称	标签图形	对应的危险货物类项号
4	遇水放出易燃气体的物质	（符号：黑色。底色：蓝色） （符号：白色。底色：蓝色）	4.3
5	氧化性物质	（符号：黑色。底色：柠檬黄色）	5.1
	有机过氧化物	（符号：黑色。底色：红色和柠檬黄色） （符号：白色。底色：红色和柠檬黄色）	5.2

续上表

序号	标签名称	标签图形	对应的危险货物类项号
6	毒性物质	(符号:黑色。底色:白色)	6.1
	感染性物质	(符号:黑色。底色:白色)	6.2
7	一级放射性物质	(符号:黑色。底色:白色。附一条红竖条) 黑色文字,在标签下半部分写上: "放射性" "内装物_____" "放射性强度_____" 在"放射性"字样之后应有一条红竖条	7A
	二级放射性物质	(符号:黑色。底色:上黄下白。附两条红竖条) 黑色文字,在标签下半部分写上: "放射性" "内装物_____" "放射性强度_____" 在一个黑边框格内写上:"运输指数" 在"放射性"字样之后应有两条红竖条	7B

续上表

序号	标签名称	标签图形	对应的危险货物类项号
7	三级放射性物质	(符号:黑色。底色:上黄下白。附三条红竖条) 黑色文字,在标签下半部分写上: "放射性" "内装物＿＿＿＿＿" "放射性强度＿＿＿＿＿" 在一个黑边框格内写上:"运输指数" 在"放射性"字样之后应有三条红竖条	7C
	裂变性物质	(符号:黑色。底色:白色。) 黑色文字 在标签上半部分写上:"易裂变" 在标签下半部分的一个黑边 框格内写上:"临界安全指数"	7E
8	腐蚀性物质	(符号:黑色,底色:上白黑下)	8
9	杂项危险物质和物品	(符号:黑色。底色:白色)	9

4 标志的尺寸、颜色

4.1 标志的尺寸

标志的尺寸一般分为 4 种,见附表 6-3。

标志的尺寸(单位:mm)　　　　　　　　　　附表 6-3

尺寸号别	长	宽	尺寸号别	长	宽
1	50	50	3	150	150
2	100	100	4	250	250

注:如遇特大或特小的运输包装件,标志的尺寸可按规定适当扩大或缩小。

4.2 标志的颜色

标志的颜色按附表 6-1 和附表 6-2 中的规定。

5 标志的使用方法

5.1 储运的各种危险货物性质的区分及其应标打的标志,应按 GB 6944、GB 12268 及有关国家运输主管部门规定的危险货物安全运输管理的具体办法执行,出口货物的标志应按我国执行的有关国际公约(规则)办理。

参 考 文 献

[1] 季永青,李佑珍. 运输管理实务[M]. 北京:高等教育出版社,2008.
[2] 孙康. 货物运输技术[M]. 北京:中国物资出版社,2010.
[3] 付丽茹,解进强. 运输管理实务[M]. 北京:中国水利水电出版社,2011.
[4] 王进,郭美娜. 运输管理实务[M]. 北京:电子工业出版社,2009.
[5] 李贞,章银武,杨卫兵. 物流运输管理实务[M]. 北京:航空工业出版社,2010.
[6] 天津交通职业学院《物流运输管理》精品课程网[EB/OL]. http://60.30.242.232/transportation/index.html.
[7] 魏巧云. 物流运输管理与技术[M]. 北京:中国发展出版社,2009:144-153.
[8] 孟咸美,钱芝网. 物流法概论[M]. 北京:中国时代经济出版社,2007:68-71.
[9] 石磊. 物流运输管理[M]. 上海:上海交通大学出版社,2010.
[10] 王凤刚. 物流运输管理[M]. 北京:高等教育出版社,2009.
[11] 魏巧云. 物流运输管理与技术[M]. 北京:中国发展出版社,2009.
[12] 孙瑛. 物流运输管理实务[M]. 北京:清华大学出版社,2011.
[13] 中华人民共和国交通部. 中华人民共和国道路安全法[Z],2003.
[14] 中华人民共和国交通部. 中华人民共和国道路运输条例[Z],2004.
[15] 中华人民共和国交通部. 道路危险货物运输管理规定[Z],2005.
[16] 中华人民共和国国家标准. GB 12268—2012 危险货物品名表[S]. 北京:中国标准出版社,2012.
[17] 中华人民共和国国家标准. GB 6944—2012 危险货物分类和品名编号[S]. 北京:中国标准出版社,2012.
[18] 中华人民共和国国家标准. GB 12463—2009 危险货物运输包装通用技术条件[S]. 北京:中国标准出版社,2005.
[19] 中华人民共和国交通部. JT 617—2004 汽车危险货物运输规则[Z],2004.
[20] 北京大金汇德物流有限公司网站[EB/OL]. http://www.chdjhd.com.
[21] 上海港城危险品物流有限公司网站[EB/OL]. http://www.shgc56.com.
[22] 中山物流网[EB/OL]. http://www.zswuliu.cn.
[23] 佛山物流网[EB/OL]. http://www.tjyunfa.cn/.
[24] 物业管理书城[EB/OL]. http://book.wyfwgw.com/wygl/022.htm.